# Contra os novos despotismos

**FUNDAÇÃO EDITORA DA UNESP**

*Presidente do Conselho Curador*
Mário Sérgio Vasconcelos

*Diretor-Presidente*
Jézio Hernani Bomfim Gutierre

*Editor-Executivo*
Tulio Y. Kawata

*Superintendente Administrativo e Financeiro*
William de Souza Agostinho

*Conselho Editorial Acadêmico*
Carlos Magno Castelo Branco Fortaleza
Henrique Nunes de Oliveira
Jean Marcel Carvalho França
João Francisco Galera Monico
João Luís Cardoso Tápias Ceccantini
José Leonardo do Nascimento
Lourenço Chacon Jurado Filho
Paula da Cruz Landim
Rogério Rosenfeld
Rosa Maria Feiteiro Cavalari

*Editores-Assistentes*
Anderson Nobara
Leandro Rodrigues

**INSTITUTO NORBERTO BOBBIO**

*Diretor-Presidente*
Celso de Souza Azzi

*Vice-Diretor-Presidente*
Ary Oswaldo Mattos Filho

*Sócio-Fundador*
Raymundo Magliano Filho

*Diretor-Secretário*
Guido Urizio

*Coordenação Científica*
César Mortari Barreira

Norberto Bobbio

# Contra os novos despotismos
Escritos sobre o berlusconismo

Organização
Critica Liberale

Tradução
Erica Salatini

Revisão técnica
César Mortari Barreira

© 2004 "Critica Liberale"
© 2008 Edizione Dedalo srl.
Todos os direitos reservados
© 2015 Editora Unesp
Título original: *Contro i nuovi dispotismi: scritti sul berlusconismo*

Direitos de publicação reservados a:

Fundação Editora da Unesp (FEU)
Praça da Sé, 108
01001-900 – São Paulo – SP
Tel.: (0xx11) 3242-7171
Fax: (0xx11) 3242-7172
www.editoraunesp.com.br
www.livrariaunesp.com.br
feu@editora.unesp.br

Instituto Norberto Bobbio
Avenida São Luiz, 50, 2º Andar
(Circolo Italiano)
01046-926 – São Paulo – SP
Tel.: (0xx11) 3129-7076
www.institutonorbertobobbio.org.br
instituto@institutonorbertobobbio.org.br

CIP – Brasil. Catalogação na publicação
Sindicato Nacional dos Editores de Livros, RJ

B637c

Bobbio, Norberto, 1909-2004
Contra os novos despotismos: escritos sobre o berlusconismo / Norberto Bobbio; tradução Erica Salatini; César Mortari Barreira. – 1.ed. – São Paulo: Editora Unesp; Instituto Norberto Bobbio, 2016.

Tradução de: *Contro i nuovi dispotismi: scritti sul berlusconismo*

ISBN 978-85-393-0653-4

1. Itália – política e governo. I. Título.

16-36599
CDD: 923.245
CDU: 929:32(45)

Editora afiliada:

Asociación de Editoriales Universitarias
de América Latina y el Caribe

Associação Brasileira de
Editoras Universitárias

# Sumário

Prefácio – A última batalha de um "demonizador"   7
*Enzo Marzo*

Separatismo liberal   13
Aquela Itália modelo Berlusconi   17
A esquerda assusta a Itália   21
Autoritário ou inexperiente?   25
O partido fantasma   29
O direito de fazer perguntas   33
Insisto: quem financia a Força Itália?   35
Os poderes e as leis   41
A democracia precária   45
Limites entre a política e o
 poder da TV   49
O derrotismo de Bertinotti   53
O conflito e seu verdadeiro nó   55
A lição dos doze *referendum*   57
A regra da democracia   61
Ambra e o ungido do Senhor   65

A obstinação dos antiacionistas   69
O fim da esquerda   73
"Desconcertado e desconsolado"   77
Loucura itálica   83
"Esta direita não é liberal"   87
Vence com a publicidade   91
Apelo contra a Casa das Liberdades   93
Um político pode se denominar
   "ungido pelo Senhor"?   95
Um partido subversivo   97
O homem tirânico   105
Posfácio – Os desafios neoiluministas de Bobbio   107
   *Franco Sbarberi*

Posfácio à edição brasileira – Demagogia antiga e
   moderna   139
   *Rafael Salatini*

Índice onomástico   175

# Prefácio
## A última batalha de um "demonizador"

> *Apesar de ser um povo "neto" de Maquiavel, não conseguiríamos nos convencer de certos defeitos substanciais [...] O fascismo na Itália é uma catástrofe, uma indicação de infantilismo decisiva, pois marca o triunfo da facilidade [...] O fascismo foi algo a mais; foi a autobiografia da nação. Uma nação que acredita na colaboração das classes, que renuncia à luta política por preguiça, é uma nação que vale pouco.*
>
> Piero Gobetti, 1923

> *Frequentemente me pergunto se o berlusconismo não é uma espécie de autobiografia da nação, da Itália de hoje.*
>
> Norberto Bobbio, 1994

No final de 1997, Norberto Bobbio escreveu uma carta à revista *Critica Liberale* em resposta a um convite nosso de "não nos calarmos". No prefácio de um de seus livros, Bobbio tinha jurado a si mesmo que não se exporia e se limitaria aos seus estudos. Embora entendêssemos as razões de nosso presidente honorário, não nos conformamos com a perda, na luta política, de sua voz tão notável e intransigente. É claro que a vitória eleitoral de 1996 parecia significar um período mais tranquilo, mas a

*Critica* estava bem consciente da inconsistência das classes dirigentes de centro-esquerda, sem pontos de referência ético-políticos sólidos e, justamente por isso, incapazes de perceber por completo os perigos para a democracia intrínsecos no fenômeno berlusconiano e, por conseguinte, de se ajustar. Profecia fácil até demais. Assim, pressionamos o velho professor a tomar uma posição. Em sua resposta, escreveu que mantinha seu parecer, mas nós, que o conhecíamos bem, sabíamos que cedo ou tarde ele cederia, se necessário. De fato, quando foi preciso, Bobbio esqueceu a velha promessa e voltou ao combate, com a lucidez de sempre e com um consciente pessimismo. Assim, em 2001, seu último testemunho contra Berlusconi viu uma tomada de posição objetivamente berlusconiana por parte de alguns políticos e intelectuais que ainda se proclamavam de esquerda. Tristeza. Em sua carta, Bobbio escreveu: "Conduzi, sem clemência, a última batalha contra Berlusconi e o 'não partido' Força Itália". Sempre soubemos que isso era uma preocupação para ele.

Pena que, depois de sua morte, tenha se discutido pouquíssimo a respeito do tipo de oposição em que Bobbio acreditava. O silêncio foi quase total. Primeiro se reconheceu que Berlusconi havia desaparecido, que era necessário pensar no futuro, distrair-se. Depois, a contragosto, todos tiveram de se conscientizar que sim, que de fato Berlusconi ainda existia, mais forte, mais rico e mais monopolista do que nunca. Transbordando de profecias falidas, de promessas não cumpridas, de cumplicidades subterrâneas, de demissões obrigatórias não pedidas, os dirigentes da esquerda italiana continuaram a distorcer a realidade, esforçando-se para pintar o sistema político movido por novidades surpreendentes. Alguém se arriscou até mesmo a dar como encerrada a Segunda República, quando ainda se deve encerrar a Primeira, da qual estes últimos quinze anos não são mais do que o rastro fétido exaurido, administrado despudoradamente pelos personagens que, tempos atrás, estavam na terceira fila.

Prefácio

Basta ler estas páginas escritas pelo Bobbio pessimista, em tempos difíceis, para descobrir que seus temores eram mais do que fundados, eram o prenúncio da decadência de nosso país e de suas classes dirigentes. Não porque fossem negligentes ou incapazes de se opor a Berlusconi, mas porque eles mesmos eram terreno de fácil conquista do berlusconismo. Um primeiro diagrama científico rascunhado sobre o berlusconismo como categoria política e mental está exatamente aqui. Lendo-o, como não pensar em Gobetti, que via no fascismo a autobiografia de nossa nação, ou até mesmo em Leopardi do *Discorso sopra lo stato presente dei costumi degl'italiani* [Discurso sobre o atual estado dos hábitos dos italianos]?

Assim, como em um pesadelo recorrente, vivemos um mal que vem de longe, que nos impede de entrar realmente na modernidade, mesclado como é de obscurantismos e atrasos de diversos tipos, como o clericalismo insolente, o capitalismo desregulado e aventureiro, a vazia falta de escrúpulos dos pós--comunistas, a imoralidade pública elevada a valor, a agonia do Estado de direito. Quando uma autoridade declara "estar comovida" porque o crime foi consumado, mas o juiz foi obrigado a absolver o criminoso apenas porque uma lei *ad hoc*, aprovada nesse meio-tempo pela própria autoridade, o impediu, estamos a um passo do fundo. Mas quando, diante dessa declaração, o líder da oposição cala, endossa e legitima, esse passo já foi dado. Quando o ministro da Justiça justifica seus problemas judiciários com a fórmula do "todos fazem assim", aqui também estamos a um passo do fundo, mas, quando o Parlamento o aclama, já estamos além. É inútil esconder a verdade: em cada setor, do econômico ao social, da cultura à moralidade pública, da pesquisa ao empreendedorismo, todos os índices europeus nos dizem que nosso país deslizou velozmente em direção aos últimos lugares. Perdido o sentido da "diferença" e da "política", perdemos o controle de regiões inteiras; nas províncias, frequentemente, a homogeneidade das classes políticas é quase completa. Quase todos os lugares são dominados pelos "comitês de negócios" que poluem as administrações. É difícil medir outras degradações, mas o que dizer da corrupção de nossa própria língua; da forte sensação de precariedade, de insegurança e de impunidade que inquieta o país; do complô direita-esquerda que confisca do cidadão toda possibilidade de escolha dos próprios representantes?

Tudo isso seria remediável se existisse uma classe dirigente cônscia das causas da crise. Em 1922, Gaetano Salvemini, um dos mestres de Bobbio, escreveu que era inútil "procurar a salvação na mudança das ordens constitucionais" e zombou de que se pensasse em remediar "mudando a lei eleitoral". Estamos na mesma. Na "politicagem". Os políticos de centro-esquerda farão o país pagar por muito tempo e caro demais pela traição ao seu próprio eleitorado em 2006. Com uma terrível legislatura berlusconiana nas costas, forças não homogêneas, de Fisichella a Turigliatto, foram obrigadas a buscar formas de reparação. A mesma ação do governo *ad personam* impunha a todos os outros se agruparem em um *front* heterogêneo, mas unido em um único ponto: a reparação dos danos produzidos pelo regime berlusconiano. Começava-se a entender que, para um regime existir, não era necessário o cassetete mussoliniano, bastava o cassetete midiático ou a ditadura da maioria parlamentar.

Faz-se o Comitê de Liberação Nacional, mas nada se diz a respeito. Aliás, esforça-se até mesmo para escrever um programa político compreensivo, como se isso fosse concebível entre visões de mundo frequentemente opostas. É comovente a obstinação com a qual se nega a dizer lealmente qual é o sentido político da aliança eleitoral. Aliás, faz-se de tudo para ocultar o significado da "união sacra", negando-se a criticar o berlusconismo, a mostrar com clareza significados, comportamentos, falta de valores. Quanto menos se falar do adversário, melhor é.

# Prefácio

O adversário responde com benevolência, esquecendo-se, na campanha eleitoral, das besteiras da DS.[1] Os resultados são conhecidos. Com poucos votos a mais, vence-se igualmente, mas a derrota vem depois. Justamente traindo os eleitores. Não apenas não se diz, mas nem mesmo se faz. Durante duas legislaturas em que governou, a centro-esquerda não apenas não conseguiu, mas nem mesmo tocou no problema de blindar a Constituição das prováveis violações; não enfrentou, de modo sério, nem o monopólio televisivo nem o conflito de interesses; não despoluiu a democracia; não restabeleceu regras mínimas de legalidade; não revogou o "Porcellum".[2] Em vez disso, cancelou o sentido emergencial e provisório da própria aliança. Negou as qualidades específicas da crise em que precipitou o país. Permaneceu à mercê das próprias diversidades. Assim se suicidou.

Agora, o berlusconismo se disseminou. Devemos ter a coragem de admitir isso. Bobbio tinha razão. Sempre tão pessimista, se cometeu um erro, foi um erro-padrão. As crises históricas têm duas saídas: ou as classe dirigentes assumem a responsabilidade, e dessa forma conseguem se renovar e renovar a própria representação política, ou se escolhe o atalho populista e demagogo de sempre. Parece-nos que não existem tantas esperanças. O populismo e a demagogia dominam todos os *fronts*, até mesmo aquele que pensa se contrapor virtuosamente à "política". O que Bobbio definiu como "não partido" fez escola, e seu mentor, Ferrara, tornou-se o modelo da nova formação "com vocação majoritária". O círculo se fecha: os novos líderes copiam os velhos, primeiro são aplaudidos plebiscitariamente, depois decidem, sozinhos, as nomenclaturas, candidaturas e programas.

---

1 Refere-se ao partido "Democratici di Sinistra"/DS [Democráticos de Esquerda]. (N. T.)
2 Lei eleitoral n.270, de 21 de dezembro de 2005, formulada pelo então ministro da Reforma, Roberto Calderoli. O próprio relator a considerou uma *porcata*, daí o nome. (N. T.)

Acordando uma manhã, mudam de rota política em 180 graus. Fazem acordos "de cartel" com a concorrência. A plebe acompanha. Novos despotismos? Sim, é claro; mas também o uso e abuso de muita quinquilharia despótica.

Enzo Marzo

# Separatismo liberal[1]

Retomo as últimas palavras do artigo de Zagrebelsky,[2] com o qual concordo da primeira até a última linha. Após ter denunciado o perigo de Berlusconi representar "a unificação pessoal dos três poderes: econômico, político e cultural", que ele considera "mortal", comenta: "Não se diga que esse é um destino liberal-democrático". Há tempos alguns homens políticos, tendo à frente o fundador da Fininvest, estão nos dizendo que será tarefa deles construir aqui na Itália uma área liberal-democrática. Para reforçar essa promessa, sustentam que a Itália foi, até agora, um país de "socialismo real", como se esses campeões da liberdade tivessem sido, naqueles anos, submetidos a não sei quais assédios, aprisionados, mandados para o campo de concentração, exilados, e não tenham gozado despudoradamente das vantagens do regime. Zagrebelsky, oportunamente, chamou nossa atenção para a teoria da separação e do equilíbrio dos poderes.

---
1 Publicado originalmente sob o título "Separazione come arte liberale", *La Stampa*, 10 fev. 1994.
2 Zagrebelsky, G., "Tre poteri concentrati in uno", *La Stampa*, 9 fev. 1994.

É bom, de todo modo, distinguir as várias formas que assumiu, na longa história do Ocidente, o tema da distinção dos poderes. Uma coisa é a já clássica divisão dos poderes do Estado, Legislativo, Executivo e Judiciário, que fez Montesquieu dizer que, para conservar a liberdade, é necessário que "o poder freie o poder". Outra é, mais do que a separação, o equilíbrio entre as três formas diversas de governo – monárquico, aristocrático, democrático –, do qual nasceu a teoria do governo misto, entendido como garantia não tanto da liberdade quanto da estabilidade do poder. Outra coisa ainda – e é isso que nos interessa aqui – é a distinção dos diversos poderes com base nos modos ou nas maneiras com os quais pode ser exercitado: por meio da posse de bens materiais, pelos quais os homens se distinguem em ricos e pobres; por meio da posse de conhecimentos, mesmo que só de informações ou então de códigos de conduta – a partir da qual nasce o poder daqueles que sabem, sejam estes os sacerdotes nas sociedades religiosas ou os intelectuais nas sociedades secularizadas, sobre aqueles que não sabem; por último, pela posse dos meios de coerção que marca, em última instância, o poder político, que é o poder dos poderes, e se exerce contra a grande massa de impotentes. A história do pensamento político consiste, sobretudo, na invenção de instrumentos institucionais destinados a fazer que quem possua um poder qualquer não tenha condições de abusar dele. O remédio fundamental sempre foi a luta contra a concentração de mais poderes nas mãos de um único indivíduo ou de um único grupo.

Acontece que foi publicado na *Biblioteca della Libertà*[3] – revista que representou dignamente nestes anos e ainda representa o pensamento liberal na Itália – um áureo ensaio de Michael Walzer, um dos mais notáveis filósofos políticos americanos,

---

3 Desde 1994, muitas coisas mudaram; assim, a direção da *Biblioteca della Libertà* hoje é imputável totalmente à linha política da maioria berlusconiana. (N. O.)

# Separatismo liberal

intitulado *Il liberalismo come arte della separazione* [O liberalismo como arte da separação]. Nele se explica que a diferença entre o velho mundo pré-liberal e o novo, inspirado no pensamento liberal, está em que o primeiro é concebido como um universo orgânico, onde as várias esferas nas quais se formam os centros de poder são confundidas umas com as outras; o segundo, como um conjunto de esferas separadas. No que consiste, então, a novidade do pensamento liberal?

As teorias liberais, afirma Walzer, defenderam e praticaram a arte da separação. Sinteticamente: "O liberalismo é um universo de 'muralhas', cada uma das quais cria uma nova liberdade". Um exemplo: as muralhas que foram erguidas entre a Igreja e o Estado permitiram a liberdade religiosa; o muro elevado entre Igreja e Estado de um lado, e universidade, de outro, permitiu a liberdade de pesquisa e de pensamento em geral. A separação entre sociedade civil e poder político – um tema sobre o qual também uma parte da esquerda deve fazer um sério exame de consciência – cria a esfera da liberdade econômica e da livre iniciativa. Ainda, a separação entre vida privada e pública cria a esfera da liberdade pessoal. Concluindo: "A natureza específica do liberalismo pode ser compreendida apenas quando se considera este como um instrumento apto a prevenir o uso tirânico do poder". Não há precedentes, em países democraticamente mais maduros do que o nosso, de uma tendência à unificação do poder político com o poder econômico e com o poder cultural – por meio do potentíssimo instrumento da televisão, incomparavelmente superior àquele dos jornais, que, todavia, foram chamados de quarto poder – como aquela que se entrevê no movimento Força Itália.

A unificação dos três poderes em um só homem ou em um só grupo tem um nome bem conhecido na teoria política. Chama-se, como denominava Montesquieu, despotismo.

# Aquela Itália modelo Berlusconi[1]

Silvio Berlusconi precisou de pouco mais de dois meses para se tornar o protagonista dessa campanha eleitoral. O protagonista e o antagonista. Protagonista porque conseguiu, com seu movimento, apesar dos rompantes de ira do senador Bossi (mas cão que late não morde), reunir os fragmentos decompostos da direita. Antagonista porque está se tornando o único alvo do polo chamado progressista – agora quase indulgente em relação a Fini, o inimigo histórico – e do centro: objeto de vitupérios e deboches, falados, escritos, gritados, filmados, de tabloides e crônicas venenosas. Um fenômeno sem precedentes. Dirijo-me aos estudiosos de política, aos historiadores, aos sociólogos, para saber se já aconteceu algo parecido na Itália ou em qualquer outro país. Existe uma explicação? Outra das tantas anomalias italianas? Sabe-se bem que, nas grandes crises históricas, de repente sobem na ribalta homens vindos do nada. Bossi é o exemplo clássico

---

1 *La Stampa*, 20 mar. 1994.

desses homens sem história. Mas tem-se a impressão de que está destinado a voltar rapidamente para o nada de onde veio. Berlusconi, não. Antes de entrar para a política, como ele mesmo disse, já era um homem muito conhecido, mas até pouco tempo, mesmo o mais clarividente dos observadores não conseguiria adivinhar que ele entraria ruidosamente na cena política, após ter sido um hábil e afortunado homem de negócios, um homem de espetáculo, o empresário do time de futebol mais coroado destes últimos anos. Entrou como ator principal e, a julgar pela campanha eleitoral e pelas previsões que podem ser feitas, está destinado a permanecer como tal. É difícil achar uma explicação para isso. Podemos pensar em muitas, mas nenhuma é completamente satisfatória. Pode-se tentar atenuar a novidade do fenômeno, observando que ele tinha lançado as redes para essa pescaria tão frutífera durante a noite, antes de recolhê-las à luz do dia. Sem metáforas, sua aparição em público como chefe de um movimento político foi preparada há tempos. A dúvida "Me jogo ou não me jogo?" foi uma hábil ficção, uma pergunta retórica, um estratagema para criar um estado de espera. Não apenas tudo já estava pronto para dar início às grandes manobras, como também tudo já estava decidido. Isso não impede que a ascensão seja muito rápida, impetuosa, atordoante. É necessário reconhecer também que um fenômeno dessa natureza foi favorecido desde as primeiras eleições, após tanto tempo, em predominante colégio uninominal. Para obter sucesso em um sistema proporcional, é preciso ter um partido nas costas, e um partido não se organiza em poucos meses. Para fazer um candidato vencer em um colégio de poucos milhares de pessoas, basta um comitê eleitoral. A "Força Itália" não é um partido: é um conjunto de comitês eleitorais difusos por todo o país. A formação de um partido requer tempo, sua sorte necessita de um enraizamento histórico. Para a formação de um comitê eleitoral, poucos meses são suficientes. Entretanto, a explicação mais frequente e mais fácil é encontrada na constatação de uma videocracia triunfante, ou seja, do triunfo do poder que se exerce não mais somente por meio da palavra falada, que poucos estão dispostos a escutar, ou da escrita, que pouquíssimos têm tempo de imprimir na mente, mas por meio da imagem que entra insistentemente na casa de todos e se fixa na memória, bem mais do que um discurso. Todo mundo dizia "Eu o vi na televisão", mas à pergunta "Do que falava?", respondia-se "Não lembro". Porém, nem todos são igualmente donos da própria imagem. Permitam-me dizer, apesar de não entender muito de televisão, que existe imagem e imagem. Existem oradores simpáticos e antipáticos, divertidos e entediantes. O mesmo acontece com aqueles que se apresentam na tela de uma televisão.

Berlusconi sabe usar muito bem sua imagem, como homem que entende ou que teve ótimos conselheiros. Há alguns dias, um amigo me fez uma observação muito precisa. Em suas aparições, o senhor da Fininvest apresenta-se cada vez mais (digo "cada vez mais" porque ele também está aprendendo a profissão) como um perfeito personagem dos comerciais televisivos que agradam ao público.

Sorri, ou melhor, mostra um grande sorriso que reflete uma mente sem dúvidas, um pensamento não ofuscado por nuvens, de pessoa que sabe o que quer e está satisfeita consigo mesma. Vê-se que o produto que anuncia lhe agrada e agrada a quem está próximo e o rodeia festivamente, como para lhe arrancar o segredo dessa sua felicidade. Frequentemente me pergunto qual público pode ficar encantado de tal forma pela maioria das mensagens televisivas que exaltam a qualidade de uma mercadoria. Geralmente eu as acho horríveis.

Tenho certeza de que nunca compraria um biscoito ou um creme de barbear cuja aquisição quiseram me impor através de cenas um pouco estúpidas de felicidade ilusória. Mas sei também que, se essas ceninhas são representadas e se gastam somas fabulosas para transmiti-las, existem muitos meus iguais – mas eu deveria dizer meus desiguais – que as apreciam e se dirigem à primeira loja para comprar a mercadoria recomendada. Temo, como veem, ser um péssimo juiz do que acontecerá em 27 de março,[2] mas frequentemente me pergunto se o berlusconismo não é uma espécie de autobiografia da nação, da Itália de hoje.

---

[2] Em 27 de março de 1994, aconteceram as eleições políticas que deram a maioria a Silvio Berlusconi. (N. O.)

# A esquerda assusta a Itália[1]

Uma vitória anunciada, que foi maliciosa e incorretamente sussurrada muitas horas antes do fechamento das seções eleitorais. No artigo de domingo passado, intitulado "Aquela Itália modelo Berlusconi", eu constatei que bastaram dois meses para fazer de Berlusconi o protagonista da campanha eleitoral e concluí, exagerando, convencido de exagerar, mas desejando ser desmentido, que o berlusconismo era a autobiografia da nação. Foi exagero? Então, a Itália vai para a direita. Velha história. Após a Primeira Guerra Mundial, o Partido Socialista era o primeiro partido, seguido pelo Partido Popular, que era de centro. Mas em 1922, três anos depois, Mussolini, apoiado pela direita conservadora, tomou o poder. Após o segundo conflito mundial, a guerra de liberação contra o nazismo e os novos fascistas foi combatida principalmente por uma aliança de esquerda, composta por comunistas, socialistas, acionistas[2] que eram maioria nos Comitês de Liberação Nacional: os católicos que tomaram

---
1 *La Stampa*, 30 mar. 1994.
2 Membros do Partito d'Azione [Partido da Ação]. (N. T.)

parte ativa na Resistência representaram depois, quase sempre, a ala esquerda da Democracia Cristã. No entanto, em 1946, o partido dos católicos obteve a maioria relativa; em 1948, a maioria absoluta. Teve prazer em se apresentar como um partido de centro, mas, se olharmos para o arco parlamentar inteiro, representou um centro deslocado nitidamente à direita, tendo à sua esquerda uma oposição entre 30% e 40% dos votos, e à sua direita, além do pequeno Partido Liberal, um partido de direita radical que permaneceu até então com modestas proporções. Os resultados de hoje podem demonstrar que o eleitorado democrata cristão foi, em grande parte, de direita. Dispersando-se nos três partidos do Polo das Liberdades, despiu o partido de centro nascido com a intenção de retornar às origens puras do velho populismo. A história se repete. Diferente de outros países democráticos, a Itália nunca teve um governo de esquerda, mesmo quando parecia que a vitória estava ao alcance de suas mãos. Nos momentos decisivos, quando as duas partes contrapostas se enfrentaram diretamente, os outros sempre venceram. Sempre prevaleceu o "grande medo". Contra a esquerda internacionalista, em nome da pátria ferida e traída, em 1922; contra a mesma esquerda ateia e não religiosa, em nome da restauração dos princípios morais do cristianismo, em 1945; contra a esquerda estatista, em nome da liberdade econômica, identificada com a liberdade, em 1994, não sem a aliança, da qual tira força, da direita patriótica e também em parte – veremos – da direita religiosa. Resta se perguntar por que apenas na Itália, e não nos outros países democráticos, sempre foi possível invocar o grande medo, e este tenha tido o efeito de impedir governos à esquerda. É uma pergunta que faço aos historiadores e à qual preferiria não responder hoje. Com essa diferença – para pior – em relação a 1948, que frequentemente foi tomado como termo de comparação para entender o que estava acontecendo em 1994: naquela época venceu uma direita moderada contra uma extrema esquerda, a Frente Popular; hoje venceu uma direita extremista (para não ter dúvidas, basta ler certos jornais) contra uma esquerda em que estava finalmente predominando a ala moderada. Uma vitória anunciada, mas menos triunfal que aquela artisticamente sussurrada durante a segunda jornada eleitoral. A esquerda não sai humilhada e a direita sai vencedora, porém dividida. O centro não desapareceu de jeito nenhum: resistiu. Trata-se de saber se é apenas o ramo seco de uma árvore velha ou a raiz de uma árvore nova. Temos apenas uma certeza: a tão esperada dialética, própria de uma democracia completa, entre quem está no governo e quem está na oposição, poderia finalmente começar agora.

# Autoritário ou inexperiente?[1]

*O que Norberto Bobbio, o grande sábio da democracia italiana, pensa da declaração de Silvio Berlusconi a propósito da RAI? Perguntamos ao filósofo, para sintetizar o acontecimento em uma fórmula provocatória, se hoje, nós, italianos, devemos nos sentir no estado de ânimo em que se encontravam nossos antepassados um dia após o 3 de janeiro de 1925. Naquele dia, Benito Mussolini pronunciou o discurso, que depois passou a ser proverbial, com o qual impunha o silêncio à oposição e inaugurava de fato a ditadura.*

O paralelo é exagerado, *responde Bobbio*. Aquela histórica decisão de Mussolini se baseava – é até mesmo supérfluo recordar – em precedentes diversos. Hoje não existem as esquadras de ação. Não houve nenhuma marcha sobre Roma. Ninguém foi agredido com o cassetete ou teve de sorver óleo de rícino. Nenhum deputado foi assassinado, como aconteceu com Matteotti. Berlusconi chegou ao governo após eleições livres. Quem não gosta dessa escolha que veio das urnas, deveria censurar os

---

1 *La Repubblica*, entrevista concedida a Nello Ajello, 9 jun. 1994.

italianos que votaram nele. O que não quer dizer que, na alocução da qual o senhor fala, não exista algo de desconcertante. Esta pode fazer nascer, nos ouvintes, dúvidas inquietantes.

*A que se referem essas dúvidas?*
Referem-se à própria pessoa do nosso presidente do Conselho. Sinceramente, e sem nenhuma animosidade preconceituosa, eu me pergunto se Silvio Berlusconi é inexperiente ou um homem dotado de uma consciência superior que o torna mais seguro que a média de seus iguais. Algumas vezes, confesso, fui levado pela primeira hipótese. Se existia um argumento que não deveria ser tratado com tanta leviandade, que requeria ponderação extrema, era o da TV. Uma questão delicada, complicada. Pode-se tentar resolvê-la apenas com uma reforma séria, profunda e bem estudada. Que um caso assim urgente seja tratado como de pouca importância não faz mais do que agravar o enigma. Encontramo-nos diante de um político tendencialmente autoritário, mas prudente? Ou de uma pessoa temerária?

*Pode ser que Berlusconi, homem de espetáculo, tenha desejado se exibir em uma cena de força...*
Nesse caso, as dúvidas seriam ainda maiores. Não me parece que o governo atual esteja tão confortável no comando que possa se permitir iniciativas explosivas. Sua maioria não parece inflexível. O Executivo tem uma serpente no peito: a Liga. A Aliança Nacional, na qual o presidente demonstra confiança, traz-lhe e lhe trará problemas no campo internacional. O fato de que, em uma situação de relativa fraqueza, como é a sua, Silvio Berlusconi se permita levantar a voz desse modo pode fazer supor que não tenha ponderado na medida adequada a diferença existente entre o administrador de uma grande empresa e um chefe de governo. Estamos na mesma: é uma escolha ponderada ou um simples erro? No momento, o dilema é insuperável.

*Mas o presidente do Conselho afirma sentir o pulso do país. A Itália estaria de acordo com ele. Se age desse modo é porque, em suas palavras, as pesquisas o confortam.*

As pesquisas? Fazem pensar em profecias que se autorrealizam. A própria emissão das profecias provoca – ou assim se espera – a realização delas mesmas. De fato, os instrumentos de comunicação podem favorecer esse prodígio: dando por certo que algo acontecerá, ajuda-se um pouco a fazê-lo acontecer. Essa serpente que morde a própria cauda pode ser a mola do consenso. Não se exclui que uma escolha estratégica similar, feita por Berlusconi, nasça das sugestões de algum conselheiro seu, especialista em sociologia. Ou então é fruto de uma improvisação, o produto de um temperamento naturalmente voltado para a autoexaltação ou, ao menos, para o otimismo? Não sei qual das duas hipóteses é mais favorável aos nossos destinos nacionais.

# O partido fantasma[1]

Não é de hoje que os partidos estão em descrédito. A polêmica antipartidos é tão antiga quanto os próprios partidos. Como todas as palavras da linguagem política, foi dito e repetido, "partido" também pode ter uma conotação positiva ou negativa segundo as circunstâncias e os humores: nestes últimos tempos prevalece a segunda. Depois do recente debate sobre o futuro dos partidos, do qual participaram alguns dos maiores estudiosos italianos com autoridade no assunto, também houve quem, não satisfeito com a condenação quase unânime do partido ideológico, organizado, "pesado", do partido-Estado, chegou a afirmar que não basta mudar os partidos – como, de resto, já está acontecendo –, mas é necessário eliminar a própria palavra "partido". Assim se explica por que foi possível condensar o máximo elogio possível de Silvio Berlusconi definindo-o "líder de um movimento de opinião que certamente não pode ser definido como um partido". Se o "movimento de opinião" de Berlusconi não é um partido, pode-se saber o que é? Não obstante a existência de muitos tipos diversos de partidos, todos aqueles

---
1 *La Stampa*, 3 jul. 1994.

que falaram disso estão de acordo sobre uma definição mínima e genérica: o partido é uma associação de pessoas que fazem acordos para estimular certas decisões políticas mais do que outras, ou, como se lê em nossa Constituição, "para determinar a política nacional"; com esse objetivo, concorrem para eleger representantes em vários órgãos democráticos, locais e nacionais. É muito mais difícil, para não dizer impossível, definir que coisa é um não partido. Cabe tudo dentro do conceito puramente negativo de não partido.

Pretendemos muito se pedimos maior precisão? Não é um problema insignificante. Trata-se, no mínimo, de saber a qual tipo de agrupamento político pertencem não os partidinhos irrelevantes e irrealistas, como aquele das donas de casa ou dos Verdes mais verdes, dos quais nossos manifestos eleitorais estão cheios, porém o conjunto concordante de cidadãos (por ora chamemo-los genericamente assim), que com o próprio voto deram vida ao grupo político de maioria relativa que, como tal, tem o direito de formar o governo e de eleger o presidente do Conselho. Entre as anomalias italianas, queremos incluir essa também? Nosso país é governado por um agrupamento político que, do ponto de vista da rica tipologia dos grupos políticos, não se sabe bem que coisa é e não se sabe bem o que seja porque, até agora, ninguém se dignou a nos fazer saber claramente. No entanto, conhecê-lo é nosso direito de cidadãos democráticos, de um regime cuja principal característica que o distingue das ditaduras é a visibilidade do poder.

Em um regime democrático, os partidos são associações privadas com funções públicas eminentes. Como tais, devem ter um estatuto que regulamenta seus objetivos e sua composição, a estrutura interna e as relações com as instituições. Sua presença implica, inevitavelmente, algumas perguntas: "Como se entra no partido? Quais as obrigações do inscrito? Entre as obrigações, existe também a de pagar uma cota de inscrição? Quais são os órgãos de direção e de governo? É assegurada a democracia interna, e como isso é feito?".

# O partido fantasma

Dos maiores responsáveis pela Força Itália, o primeiro partido italiano numericamente, tivemos até agora respostas fragmentárias a essas perguntas. Gostaríamos de saber mais. Não nos basta saber que é um não partido, até mesmo porque, nesta campanha eleitoral e no início desta legislatura, agiu exatamente como um partido. A única coisa que somos capazes de dizer, mesmo que seja com uma certa aproximação, é que o Clube da Força Itália, favorecido pelo método eleitoral predominantemente uninominal, comportou-se como comitê eleitoral tradicional, ou seja, um partido à moda antiga. Mas composto por quem? Dirigido por quem? Financiado por quem? Uma democracia que se rege sobre uma rede de grupos semiclandestinos é, na verdade, uma invenção sem precedentes.

*Bella forza*,[2] Itália. Mas agora, após essas primeiras rodadas eleitorais, qual é o destino desses comitês? Se se tornarem, como é provável, permanentes, estarão ou não destinados a se tornar partidos, segundo uma das tantas definições legítimas de "partido"? Li nos jornais que, após o escasso sucesso nas eleições administrativas parciais, há quem afirme que a Força Itália também não pode permanecer um movimento "com uma organização completamente improvisada" e prognostique sua transformação em partido. O que aconteceu, então, com todas as conversas intempestivas e improvisadas dos últimos tempos sobre o não partido? Quanto à infame partidocracia – vale dizer, à prepotência dos partidos que ocupam o Estado –, agora se chama, à maneira americana, *spoils system* [sistema dos espólios], que o novo governo procura praticar no limite que lhe é concedido pela oposição.

Mas até agora, mudado o nome, ninguém parece ter percebido isso.

---

2 O autor, ironicamente, se vale de um jogo de palavras para insinuar que a Força Itália é uma força, um movimento, negativo para o país. (N. T.)

# O direito de fazer perguntas[1]

Adiei em alguns dias a resposta à carta do presidente Silvio Berlusconi, publicada neste jornal no dia 5 passado. Nessa carta, ele havia respondido a algumas perguntas feitas por mim sobre a natureza e a estrutura organizativa do agrupamento político, que, com o nome de Força Itália, conduziu e continuará a conduzir, com sucesso, campanhas eleitorais para a formação de uma nova classe dirigente do país, e constituiu grupos parlamentares nas duas Câmaras. Adiei a resposta porque esperava receber o estatuto do novo agrupamento político, que vinha apresentado na carta, e esperava vê-lo publicado em algum jornal. Ficará para outra vez.

Gostaria só de, por ora, dissipar a suspeita de que meu artigo fosse ditado por um preconceito não favorável à Força Itália, ou mesmo por um espírito de facção. Induziu-me a escrevê-lo a constatação – e, portanto, um mero juízo de fato –, de que no atual, vivaz, interessante e oportuníssimo debate sobre o tema "Os partidos, hoje", competentes especialistas em política, além

---

1 *La Stampa*, 9 jul. 1994.

do que discordantes entre si, tenham falado não apenas da Força Itália de modo genérico e aproximativo, mas quase sempre a definiram de modo puramente negativo como um não partido, ou seja, com uma palavra à qual se pode dar as mais diversas interpretações. Limitei-me portanto a pedir, sem nenhuma animosidade, esclarecimentos sobre uma questão de vital importância para nossa democracia. Que minha curiosidade tivesse suas boas razões é provado pelo fato de que as informações contidas na carta pareceram, e não apenas para mim, quase totalmente novas. Como era previsível, a pergunta que não teve resposta foi aquela sobre o financiamento. Também formulei essa pergunta não para ter aquelas respostas que nunca tivemos dos partidos precedentes, embora desejemos que, sobre esse tema muito delicado, a nova fase da República não siga os péssimos hábitos da velha. De fato, temos certeza de que as infrações realizadas para financiar os partidos foram a principal causa da degeneração e do fim indecoroso da Primeira República.

Se existe um campo em que a ruptura do novo em relação ao velho deverá ser total, é justamente este. Poderemos continuar a discutir sem ser apontados aos fiéis não como proponentes de questões sérias, e eventualmente ingênuas, mas de inquisições maliciosas?

# Insisto: quem financia a Força Itália?[1]

"Berlusconi se engana: não tenho preconceitos, e sim conceitos. Aliás, para ser mais preciso, tenho perguntas. E, ao que parece, elas não ocorrem apenas a mim."

*Norberto Bobbio comenta com sua habitual serenidade a réplica do presidente do Conselho ao seu editorial para o jornal* La Stampa *de domingo passado. O "professor" havia perguntado: o que é o "partido que não existe", o "não partido" que expressa a direção do governo? Que regras o governam? E como se financia? Berlusconi havia respondido com algumas informações: tudo é regular, apresentamos os estatutos, quem quiser que os controle. Bobbio tem "preconceitos desfavoráveis". Por que ficar nervoso com a Força Itália e esquecer que esse "partido-fantasma" "salvou" a Itália "de um destino sem liberdade"?*

*Bobbio, por que discutir sobre a natureza da Força Itália? É o partido que venceu as eleições. O que são essas críticas? Dúvidas sobre a legitimidade do poder de Berlusconi?*

---

1 *L'Unità*, entrevista concedida a Giancarlo Bosetti, 9 jul. 2001.

De jeito nenhum, mas a democracia exige transparência, rejeita o poder que se esconde. Fiz simplesmente um pedido, dirigido ao partido de maioria relativa, de esclarecer melhor qual seria sua organização. De fato, as coisas ditas na réplica do presidente do Conselho são interessantes justamente porque são desconhecidas. Acredito ter feito bem em provocar uma resposta para o problema, mas meu pedido não nasceu de um *preconceito*, como se insinuou. Nasceu mais de um *conceito* de fato sobre a insuficiência das informações disponíveis.

*E por que essas perguntas exatamente agora?*
Porque a questão dos partidos foi abordada, em vários jornais, de um modo que não me convence. Escreveu-se, por exemplo, que seria bom evitar o próprio uso da palavra "partido". Ou então se afirmou que a vantagem do agrupamento de Berlusconi seria justamente aquela de ser um "não partido". Ora, uma definição do gênero, apenas negativa – todos entendem isso muito bem –, pode ser atribuída às coisas mais diversas. Se digo "não branco", incluo nessas palavras todas as cores possíveis e inimagináveis. Não acho muito sério dizer não o que é a Força Itália, e sim o que *não é*.

*Imagino que não se trate apenas de escrúpulos científicos ou linguísticos.*
É evidente que, quando se sabe tão pouco assim de uma coisa, a ponto de circular apenas uma definição negativa, a pergunta é legítima – não quero nem usar a palavra "suspeita", porque depois me acusarão de ser desconfiado –, e a fiz como amante da clareza e da precisão. Digamos apenas que sou um especialista da análise da linguagem e que não se pode falar em uma fórmula como esta de "não partido". Não se pode permitir que, por trás desta, esconda-se algo que não é *negativo*, mas substancioso e *positivo*.

## Insisto: quem financia a Força Itália?

*Amor pela clareza, portanto, talvez mania de precisão. Mas tenho a sensação, ou mesmo a suspeita, de que o assunto não se encerrou por aqui. Ou a resposta de Berlusconi é decisiva?*

Acho que falta, das informações do presidente do Conselho, uma indicação muito importante: como são financiados os clubes da Força Itália? Dou-me conta perfeitamente de que é uma pergunta muito delicada, sobretudo depois que, por tanto tempo, fechamos não apenas um olho, mas todos os dois sobre o financiamento de velhos partidos. Mas não se disse e repetiu que estamos entrando em uma nova fase? Não podemos esquecer que o problema não esclarecido e nunca resolvido do financiamento dos partidos esteve na origem do final indecoroso da Primeira República. [...]

A democracia é impossível sem partidos, ou seja, sem aquelas associações que – dizem os especialistas em política – "agregam as perguntas" ou, se preferirem, reúnem grupos de pessoas em torno de ideais e de interesses para direcionar o voto em uma certa direção.

*O desconforto pela palavra "partido" tem explicação na história recente: houve antes uma indigestão de partidos ideológicos de massa, com a DC (Democracia Cristã) e o PCI (Partido Comunista Italiano), e depois de partidos "ocupadores" da sociedade e da economia, loteadores, corruptos. Sem dúvida, quem deseja partidos menos espaçosos e mais leves colhe uma exigência difusa.*

Por sua vez, os partidos serão certamente mais leves porque terão menos dinheiro. Os partidos pesados custavam muito com funcionários, sedes, grandes manifestações. A falta de financiamento é, portanto, em certo sentido, benéfica. Mas uma organização será sempre necessária para que um partido exista e funcione. Haverá inscritos e cotas de inscrição? São coisas para se discutir e não para considerar já resolvidas.

*A interrogação sobre o futuro dos partidos, para a esquerda, talvez, mais que à forma de organização, diz respeito ao seu conteúdo: organização unitária do tipo "partido democrático" ou aliança de partidos diversos?*

Para dizer a verdade, a constelação de partidos que está em torno do PDS (Partido Democrático da Esquerda), caso se exclua a Refundação Comunista, deu mostras de ser ruim. E sobretudo a falência da Aliança Democrática é, para mim, o sinal da dificuldade da esquerda italiana, de sua incapacidade de agregar e de alargar os consensos.

*Por mais difícil que seja, de algum lado, cedo ou tarde, será possível transformar a Itália em um país normal, com uma esquerda ou centro-esquerda capaz de vencer?*

A verdade é que agora é necessário preencher uma lacuna de votos muito grande. Nunca existiu um distanciamento tão grande entre a direita e a esquerda. E não se diz que o centro também se agregue à esquerda. Sabe-se bem que os vencedores atraem muito mais do que os vencidos: vamos ver de que lado acabarão os populares.

*Mas então, para uma esquerda que saiba vencer, o PDS, herdeiro do PCI, é, no final das contas, um obstáculo ou um ponto de partida?*

A partir do momento em que, à esquerda, não vejo outras forças determinantes que não sejam o PDS, não resta nada a fazer a não ser encorajar o PDS. É possível que do PDS nasça um grande "partido democrático"? À parte o uso um pouco perverso e instrumental que o PCI fazia do termo "democrático" na Itália, acho isso muito difícil. Por mais que tenha mudado e renovado em relação ao PCI, permanece sempre fácil demais chantageá-lo por causa de seu passado.

*Mesmo com a última mudança de dirigentes?*

Direi francamente que não gostei do modo como foi feita essa mudança. Aconteceu com Occhetto a mesma coisa que

## Insisto: quem financia a Força Itália?

com Gorbachov: ele é aquele que teve verdadeiramente a coragem de mudar; ele escolheu dar vida ao Partido Democrático da Esquerda. Se eu fosse membro do PDS, quando Occhetto pediu demissão, teria sido contra, como se deve fazer nesses casos. O fato de que a demissão, logo que apresentada, tenha sido acolhida, que ele tenha sido repudiado por uma derrota eleitoral advinda em condições dificílimas, me fez entender que o PDS tinha uma crise interna mais grave do que se podia imaginar de fora. O resultado é que se discutiu mais sobre as candidaturas à sucessão do que sobre os projetos políticos; e que os adversários da esquerda, temo, poderão continuar a se apresentar como aqueles que salvam a Itália do precipício, do risco de uma vitória dos que eram comunistas.

# Os poderes e as leis[1]

Desencadeou-se contra o governo Berlusconi, desde o início, e continuou nestas últimas semanas em um crescendo irresistível, uma "caça aos erros" sem piedade, sejam os erros doutrinários, ou, mais estritamente, os políticos. Aqui me refiro aos primeiros. Não se pode negar que os caçadores fizeram um bom trabalho. No *La Repubblica* de antes de ontem, Sabino Cassese assinalou com rigor analítico, nas recentes declarações do governo, três erros no início e um no final. Atribui os erros justamente a uma concepção "redutiva" do Estado, pela qual "a maioria deve tomar tudo", e à contínua confusão do Estado com o governo, da qual nasce a ideia "errada" de que o Estado esteja a serviço do governo, enquanto a verdade é o contrário: "O governo está a serviço do Estado". No mesmo dia, no *Corriere della Sera*, partindo das declarações feitas a este jornal pelo ministro Tatarella contra os poderes fortes e invisíveis que poderiam ser um obstáculo à ação do governo, Ernesto Galli della Loggia definiu-as "fascistas" com argumentos que não se poderia desejar

---

1 *La Stampa*, 15 ago. 1994.

mais convincentes e historicamente fundados, tanto que eu o agregaria, se não soubesse que lhe daria certo desgosto, ao círculo, por ele desprezado, dos velhos "acionistas". A luta contra os poderes fortes no interior do Estado não pode ser combatida a não ser em nome de um Estado forte que degrada todos os outros poderes em poderes fracos: "Tudo no Estado, nada fora do Estado, nada contra o Estado". Noto rapidamente que entre os poderes fortes depreciados existe também, segundo o vice--presidente do Conselho, a Corte Constitucional, que é o coroamento do Estado de direito e desenvolve seus trabalhos e toma suas decisões à luz do sol.

Estranhamente, não compareçem os serviços secretos, que, invisíveis por sua natureza, são não apenas fortes, mas fortíssimos, e, destes, os fascistas, velhos e novos, deveriam saber alguma coisa a mais do que os comuns mortais. Falei do Estado de direito. Acredito que, na base de todos esses erros de gramática, exista um verdadeiro erro de sintaxe que se refere à ideia que os homens do governo fizeram até agora – mas cedo ou tarde deve mudar caso se queira pôr ordem na grande desordem atual – sobre a estrutura inteira do Estado democrático, aliás, mais precisamente liberal-democrático, de suas articulações internas e das relações entre os diversos poderes, fortes ou fracos, visíveis ou invisíveis, que sejam. O pressuposto para que um governo democrático, que tira a própria legitimidade do consenso dos cidadãos protagonistas, expresso diretamente através de *referendum* ou indiretamente por meio de eleições de representantes, seja um bom governo – aliás, como se diz, o menos pior –, é que ele desenvolva sua ação no interior da estrutura do Estado de direito.

Historicamente, o Estado de direito, que é o produto da doutrina liberal, precede o advento da democracia, como veio se configurando após a instituição do sufrágio universal. Não apenas o precede, mas o condiciona, enquanto qualquer governo, mesmo aquele democrático, fora das estruturas do Estado de direito, corre o risco de se tornar, não menos do que qualquer outro, despótico. Oportunamente, Barbara Spinelli, em um artigo de alguns dias atrás neste jornal, "Le due Repubbliche italiane" [As duas Repúblicas italianas], evocou o "despotismo da maioria sempre presente na democracia". É necessário insistir sobre esse ponto, que parece estar completamente esquecido nas declarações oficiais de um governo que presume representar o Polo das Liberdades. Não existe escritura liberal do século passado que não tenha bem clara a ideia de que, entendido o despotismo como o define Montesquieu, como "o governo sem leis nem freios", podem ser déspotas tanto o soberano individual quanto a maioria. Com ou sem razão, a teoria rousseauniana da vontade geral foi interpretada, em um livro bem conhecido, citado por Buttiglione na recente troca de opiniões com Scalfari, como a expressão de uma democracia totalitária. Mesmo que um pouco superficialmente, por "Estado de direito" em geral entende-se, desde a Antiguidade, o governo das leis contraposto ao governo dos homens (a maioria também é feita de homens), em base no qual todos os cidadãos, portanto, com maior razão, os governantes, são submetidos a leis cujo objetivo é o de limitar o poder deles. No Estado de direito, ninguém, mesmo no mais elevado grau da ordem, está *legibus solutus* (livre dos vínculos das leis). Quando eu disse que a Corte Constitucional é o coroamento do Estado de direito, quis dizer que, através dela, também as decisões do Parlamento, o supremo órgão do Estado democrático, podem ser submetidas a revisão. Poder forte? Ai se não o fosse! Estado de direito é também aquele em que vige a separação dos poderes, já evocada por Cassese. Enfim, Estado de direito, no sentido total da palavra, é aquele em que cada poder é limitado não só por leis, mas pelos direitos do homem, reconhecidos pelas constituições liberais, diante das quais as maiorias, mesmo legitimadas pelo consenso dos eleitores, devem se inclinar respeitosamente. Devem fazê-lo porque são universalmente interpretados como direitos, cuja existência precede a instituição do governo, e nenhum governo, mesmo aquele que tem o consenso da maioria dos cidadãos, pode violá-los impunemente. São todas considerações elementares, das quais ao menos dois ministros, Giuliano Urbani e Domenico Fisichella, que aprecio há tantos anos como sérios e doutos amantes da ciência política, têm perfeito conhecimento. Talvez pudessem dizer uma palavrinha no ouvido de seu presidente. Talvez já a tenham dito.

Vamos esperar que seja ouvida.

# A democracia precária[1]

Também nestes dias se disse que, para levar nosso país a uma democracia completa, isto é, em direção ao bipartidarismo perfeito, é necessário ir além do fascismo e do comunismo, inimigos mortais, entre os quais não pode existir alternativa. A hostilidade entre eles marcou dramaticamente boa parte da história do século XX. O primeiro foi derrotado definitivamente na primavera de 1945 e estamos para festejar os cinquenta anos de seu fim nos próximos dias; o segundo, após uma longa guerra dissimulada, 45 anos depois, no final de 1989.

Seria bom, porém, que Silvio Berlusconi não continuasse a repetir, em suas declarações cotidianas, que o principal e imediato objetivo do Polo das Liberdades é não deixar o país cair nas mãos dos comunistas, usando os mesmos argumentos da Democracia Cristã nas eleições de 1948, fazendo-nos, portanto, retroceder meio século, para um passado que, nos discursos, todos dizem querer deixar para trás. Para expor e ilustrar pela enésima vez esse tema, Berlusconi dedicou uma boa parte das respostas

1 La Stampa, 17 abr. 1995.

dadas aos seus interlocutores durante a transmissão de *Tempo Reale*, diante de milhões de espectadores, ilustrando um tipo de política econômica que parecia a da velha DC, da qual uma parte é hoje sua aliada. Não faz muitos dias eu ainda o ouvi acusar de expropriação proletária qualquer um que falasse da necessidade que existe, desde quando ele assumiu responsabilidades políticas, de vender suas televisões, fingindo não saber, apesar de estar bem ciente disso, que o problema nasceu não de más intenções de pérfidos proletários, mas unicamente da circunstância excepcional de um proprietário de gigantescos meios de comunicação de massa que inicia a carreira política até se tornar, também graças às suas televisões, presidente do Conselho. Outro tema preferido é que na Itália não existe mais democracia, porque não foram fixadas novas eleições após a queda de seu governo. Por que repetir coisas que ele sabe que não são verdadeiras?

Existe hoje na Itália um governo cuja formação e ação são perfeitamente conformes às regras fundamentais de nossa Constituição democrática. O presidente do Conselho foi nomeado pelo presidente da República com base no artigo 92, entre outras coisas, sob indicação do próprio Berlusconi.

Goza da confiança do Parlamento com base no artigo 94. O que pode existir de mais democrático? No máximo, o que repugna os princípios democráticos, e que de fato não existe em nenhuma democracia do mundo, é que um homem político, fundador e líder de um movimento político, possua o monopólio quase total das televisões privadas. Quais providências seus aliados pretendem tomar para que esse defeito seja eliminado?

Quando Berlusconi declara que não quer deixar o país nas mãos dos comunistas, os adversários teriam os melhores argumentos para afirmar que não querem confiá-lo a um amontoado de aliados, entre os quais, ao lado de Marco Pannella, alferes vitorioso de grandes batalhas laicas, está Rocco Buttiglione, aluno do filósofo Augusto Del Noce, que provavelmente teria reconhecido na irresistível expansão das televisões comerciais uma das mais preocupantes expressões da banalização das massas; onde velhos liberais e velhos democratas convivem com os homens da Aliança Nacional que, não obstante o repúdio verbal ao fascismo, continuam a elevar como fontes de sua doutrina alguns dos mais notáveis inimigos do pensamento liberal e democrático, como Gentile e Evola, como Carl Schmitt e Junger.

Enquanto Berlusconi tem tanta confiança em si mesmo, seus adversários têm pouca. A campanha eleitoral deles, com a designação de Romano Prodi como líder do Polo dos progressistas, apoiado pelo maior partido de esquerda, o único dos grandes partidos históricos que se salvou da tempestade que arrastou os outros, começou bem. Prodi, lia-se, é o melhor antagonista do protagonista: homem preparado e aberto, afável nos modos, humanamente simpático. Tem ideias e sabe expressá-las com simplicidade. É o candidato ideal para a revolução da normalidade, mas bastaram poucas semanas.

Justamente quando o *front* de centro-esquerda deveria cerrar fileiras, entre os próprios aliados se desencadearam as primeiras dúvidas e suspeitas, e objeções substanciais e formais.

Sinais de descontentamento e de insatisfação já se manifestam. Sussurra-se também alguma maledicência. Não há nada de errado em reconhecer que houve precipitação. Mas agora, por favor, não recomecem do princípio. Não contraponham ao delírio de potência dos adversários a própria insegurança.

# Limites entre a política e o poder da TV[1]

Acentua-se nestes dias o debate sobre a redistribuição do poder televisivo em nosso país. Problema real e fundamental na sociedade contemporânea, na qual, ao lado dos poderes tradicionais, em cuja base estão a posse dos meios de produção e a força coativa organizada, surge cada vez mais decisivo e ameaçador o poder que deriva da posse dos meios de comunicação. Neste mesmo jornal, uma pessoa equilibrada e acostumada a raciocinar pacatamente, como Giuliano Amato, evocou o espectro do *Big Brother*. Não sabemos ainda se as tratativas, em curso, entre as partes políticas para evitar os *referendum* sobre a lei Mammì acabarão bem.

Mas, seja qual for a forma com que terminem, permanece inteiro e intacto o problema de fundo, a partir do qual teve início essa história. É de se surpreender que se fale tão pouco disso. Mas existe um problema exclusivamente italiano e de dificílima solução, bem mais do que aquele que se refere ao restabelecimento de um regime de concorrência entre as diversas redes

---

[1] *La Stampa*, 21 maio 1995.

televisivas. Trata-se do fato de que quem atualmente poderia tirar proveito de um excesso de poder televisivo, que deveria se corrigir, não é um empreendedor qualquer que trabalha nessa área, mas sim um hábil e afortunado empreendedor que não apenas desenvolve diretamente uma intensa ação política, mas já foi presidente do Conselho e ainda está concorrendo para sê-lo. Uma coisa é, portanto, o problema que se está discutindo e se refere à incompatibilidade entre livre mercado e monopólio quase total dos meios de comunicação de massa nas mãos de uma única empresa. Outra é a ainda mais aguçada incompatibilidade, sem precedentes nos outros países democráticos, entre a posse desses meios essenciais para a formação do consenso e o exercício de uma atividade, como a atividade política em um regime democrático, no qual o poder se conquista exclusivamente pelo consenso. Deveria estar claro, então, que o problema na Itália não é só o de aprovar uma lei antitruste. O problema bem mais grave é o da falta, até agora, de um regulamento do inevitável conflito entre a posse de um enorme poder de formação da opinião pública e o efetivo desenvolvimento de uma ação na esfera política, cujo sucesso, na democracia, diferentemente do que acontece em uma monarquia de direito divino, depende da maior possibilidade de que uma opinião pública se forme livremente. O que aconteceu diante de nossos olhos distraídos nesses últimos anos na Itália, de que estamos esquecendo muito facilmente? Não tanto que o mais potente possuidor de redes televisivas comerciais tenha começado a carreira política, quanto que a tenha começado justamente porque se tornou um potente possuidor de redes televisivas, e adquiriu a plena consciência de que essa excepcional posição lhe permitiria chegar mais rapidamente à meta que havia proposto para si; suas previsões não se demonstraram erradas de nenhum modo.

O poder econômico de Berlusconi não foi uma simples oportunidade para também disputar a conquista do poder político. Foi a causa determinante disso. Não nos encontramos diante de uma combinação casual de poder econômico e poder político. Encontramo-nos diante da intencional e, é preciso reconhecer, bem calculada transformação em poder político de um poder econômico que, diferente do que pode derivar da posse de uma fábrica, digamos, de geladeiras ou de uma grande empresa de construção, é fundamental em uma democracia de massa para conquistar o poder político. Se existe uma anomalia italiana que deveria ser sanada, esta passa bem longe do problema, hoje em discussão através dos *referendum* ou através de uma lei do Parlamento que os torne supérfluos, da salvaguarda do pluralismo da informação.

A anomalia, à qual o debate atual não põe fim, é aquela relativa às relações, ainda a regular, entre poder político e poder televisivo. Silvio Berlusconi entendeu muito bem, e quem o conhece de perto revelou publicamente, que um dos meios mais eficazes para promover um consenso fácil é o de se fazer passar por vítima da maldade dos outros. Não por acaso continua a definir como expropriação proletária toda proposta de uma redistribuição equitativa do poder televisivo, na tentativa, coroada até agora por um sucesso notável, de se fazer de bode expiatório de uma enorme conjuração.

Em uma das últimas declarações aos jornais, chama de não liberal toda medida tomada para impedir quem é proprietário de entrar para a carreira pública. Mas não diz aquilo que seria mais importante saber: proprietário do quê? E em qual medida? Acrescentou que, se soubessem que na Itália se expropria uma pessoa que entra para a carreira pública, ririam à nossa custa. Nós achamos, de outro modo, que o mundo não ri de maneira nenhuma, mas, pelo contrário, chora ao saber que o proprietário de três redes televisivas se tornou, e poderia se tornar ainda, presidente do Conselho, mantendo sempre junto de si seus três tesouros, se falissem as atuais tratativas ou prevalecessem os nãos.

# O derrotismo de Bertinotti[1]

A propósito da entrevista publicada ontem neste jornal, em que Fausto Bertinotti responde, um pouco surpreso e ferido, à minha reprovação de ter favorecido a direita, quero explicar melhor as razões de minha divergência após uma longa e cordial conversa telefônica com ele. Antes de tudo, não disse, como Bertinotti me faz dizer talvez na pressa da resposta, que eu teria considerado a Refundação "contígua à direita". Eu disse exatamente o contrário. Disse e repito que a Refundação "até agora favoreceu de fato a vitória da direita". Tão pouco contígua, portanto, que permite que Berlusconi continue afirmando que tem a intenção de não deixar a Itália nas mãos dos comunistas. Os que pertencem à Refundação são "comunistas" e se declaram assim abertamente. Para o resto da esquerda, podemos afirmar com certeza e já dissemos muitas vezes, Berlusconi mente. Sobre aquilo que se refere à Refundação, não.

Dizendo que a Refundação favoreceu até agora a vitória da direita, fiz uma constatação muito banal, incontestável em sua

---

1 *La Stampa*, 27 abr. 1995.

obviedade: em um sistema bipolar, qualquer um que no interior de um polo ostenta a própria independência em relação a todas as outras partes do polo, mesmo em relação àquelas que lhe estão mais próximas, o enfraquece. O fato de enfraquecer o próprio polo não reforça o do adversário? Defino essa posição como a do "derrotista", ou seja, daquele que contribui conscientemente para a vitória do adversário; e depois quase se compraz disso para poder dizer: "Vocês viram? Eu já tinha dito". Outra noite, comentando os resultados enganosos difundidos pelas pesquisas de boca de urna, e mesmo durante o telefonema de ontem, Bertinotti, falando das eleições francesas, alertava: "Unidos se vence". À parte o fato de que a situação francesa (onde existe um partido socialista muito superior numericamente ao comunista, enquanto na Itália aconteceu até agora o contrário) e a situação italiana são incomparáveis, em que ocasião a esquerda venceu em nosso país? Quando? Bertinotti realmente acredita que esse momento de ascensão não facilmente resistível da direita seja o mais propício para que a esquerda possa chegar, sozinha, ao governo? A esquerda nunca venceu sozinha na Itália, mesmo unida. Não vamos repetir, por favor, os fastos nefastos de 18 de abril de 1948.

# O conflito e seu verdadeiro nó[1]

Escrevi alguns dias atrás neste jornal que o problema mais sério a resolver para encaminhar a nova fase da República em direção a um regime normal de alternância não eram tanto as três televisões de Silvio Berlusconi, e sim o fato sem precedentes nos países democráticos de que o criador e real possuidor dessas três grandes máquinas de formação do consenso tivesse constituído um partido pessoal próprio; partido do qual Berlusconi é o chefe indiscutível, e com o apoio desse sustento incomum – incomum para um político – se lançou em uma campanha eleitoral que o levou rapidamente a se tornar presidente do Conselho. Continuando a possuir, sejam as máquinas do consenso, seja o partido que se serve delas, Berlusconi agora enfrenta a campanha para os *referendum*, obstinando-se a negar que exista um problema de redistribuição do poder televisivo. Já está claro para todos, e não pode escapar à percepção do protagonista destes últimos dois anos de nossa história, que o debate sobre os *referendum* da TV se torna tanto mais incandescente (a ponto de ser

---

1 *La Stampa*, 28 maio 1995.

definido por ele mesmo um juízo de Deus) quanto mais um dos dois principais concorrentes não é um empreendedor qualquer, mas o chefe reconhecido de uma das duas formações em luta pelo poder. Conflito incandescente. Mas quem pode extingui-lo se não aquele que o acendeu? Entendo o problema de um orgulho ferido, o lamento, até a raiva por não poder satisfazer plenamente as grandes ambições, não obstante as capacidades excepcionais e invejáveis demonstradas em criar empresas e em recolher aprovações. Mas quem assumiu a tarefa de defender os interesses da nação, e repete isso a cada declaração pública, deveria tomar consciência de que o principal obstáculo para a solução do conflito, agora intolerável, que ameaça arrastar nossa democracia é o próprio causador do conflito. Caso se conscientizasse e tirasse disso as devidas consequências, o país, a parte política que Berlusconi representa e suas próprias empresas ganhariam mais com isso. Mas temo que isso não acontecerá e que minha proposta pareça ingênua. E a guerra continuará.

# A lição dos doze *referendum*[1]

Em relação à suposta e frequentemente exaltada ligação dos cidadãos ao instituto do *referendum*, o êxito global das consultas de domingo passado foi desastroso, não obstante o parecer diverso de quem as promoveu. Com 57% dos votantes se superou apenas o limite, abaixo do qual todos os doze *referendum* teriam sido declarados nulos. Abstenção quase sem precedentes e muito mais grave tendo em vista que o *referendum* é considerado por seus defensores o modo mais genuíno, imediato e também mais atraente de fazer o povo, a "gente", participar da vida política. Muito mais preocupante, no caso específico, pois estavam diretamente interessados no voto vastas categorias de cidadãos, os comerciantes, os participantes dos sindicatos e, em relação aos três *referendum* sobre a Lei Mammì, até mesmo as duas maiores formações políticas atualmente opostas em nosso país. Deveria sugerir maior cautela no futuro que esse mísero resultado tenha dependido não tanto do instituto do *referendum* em geral, e sim da futilidade de alguns quesitos, da disparidade dos

---
1 *La Stampa*, 13 jun. 1995.

temas, do fato de que fomos chamados a responder a doze perguntas de uma vez, nem todas fáceis, aliás, algumas tão difíceis que até o último momento fiquei em dúvida sobre a resposta. Assim espero, até mesmo sei, pelo que ouvi durante um debate outra noite de um dos porta-vozes do partido do *referendum*, e não alimento muitas ilusões. Acrescente-se que, quando a abstenção é tão alta que se aproxima dos 50%, não só é democraticamente desanimador o fato em si, mas acaba sendo também democraticamente fraco e pouco significativo o resultado.

De fato, se uma formação tem pouco mais de 50% dos votos em uma consulta, na qual pouco mais de 50% votaram, o vencedor obtém seu objetivo com uma aprovação que supera em pouco os 25% dos que têm direito. O resultado é formalmente irrepreensível e, entre diferentes coisas, não infrequente em outros países na eleição de um presidente ou de um representante do povo.

Todavia, é aceitável nesses casos, pois se funda sobre a legítima presunção de que quem não vota seja indiferente à vitória de um ou de outro. No caso dos doze *referendum*, ao contrário, essa presunção é menos fundada. A abstenção pode depender, e existem boas razões para supor que tenha dependido no domingo passado, da dificuldade objetiva, que todos nós experimentamos, de tomar consciência da alçada real de cada um dos doze quesitos e de suas possíveis consequências. Passando dessa consideração geral, sobre o instituto e seu uso ou abuso, a um juízo específico sobre o *referendum* que tinha estado no centro do debate político, aquele sobre a Lei Mammì, que foi interpretado, e não podia ser de outra forma, como um juízo (embora não de Deus) pró ou contra Silvio Berlusconi e seu enorme poder televisivo, a nítida e indiscutível vitória dos "não" é a prova de fato, mais forte do que qualquer discurso, de que tinham razão aqueles que se opuseram, ainda que talvez de forma malfeita, e continuarão a se opor, com maior habilidade, espero, para a boa sorte de nossa democracia. Repetimo-lo ainda uma vez. Nenhuma democracia pode suportar que o chefe de uma das duas formações políticas alternativas seja também o detentor de um quase monopólio das televisões privadas. Tenha-se bem presente que o motivo principal pelo qual o fundador da Fininvest venceu o *referendum* que tendia a diminuir seu poder televisivo foi o próprio fato de ter esse poder. Realmente, é inegável que o uso inescrupuloso das três televisões fez que estas tenham se tornado o instrumento principal para obter o resultado desejado, ou seja, impedir seu desmantelamento. Substancialmente, o resultado dos três *referendum* demonstrou que a posse quase exclusiva das televisões privadas nas mãos de uma formação política é uma força irresistível. Criou-se uma situação paradoxal, que nunca pareceu tão clara como nestes dias: por um lado, o arranjo televisivo privado é tão forte que exige uma mudança; por outro, é forte demais para ser mudado.

Se conseguiu até mesmo convencer a maioria dos votantes de que "publicidade é bom", que quanto maior for o número de anúncios durante a projeção de um filme tanto mais a maioria dos italianos fica satisfeita, a única conclusão a tirar é que, não sendo os italianos uns cretinos, o poder de doutrinamento da televisão é realmente enorme. Um paradoxo que trará tantas dificuldades à esquerda nos próximos meses que será impossível resolvê-las. Mas, considerando a negligência e a incerteza com que conduziu a batalha referendária nestes últimos meses, é de se perguntar: "Será capaz de fazer isso?".

# A regra da democracia[1]

Repetimos incessantemente que o ABC da democracia consiste no fato de que os dois concorrentes na competição livre para governar o país se considerem não dois inimigos, mas dois adversários, dos quais um reconhece ao outro o direito de estar no governo por um limitado período de tempo após ter vencido as eleições. Com base nesse simples e fundamental princípio, sem o qual não existe democracia, reconhecemos várias vezes que teríamos entrado finalmente em uma fase democrática mais avançada apenas quando fosse abandonada definitivamente cada *conventio ad excludendum* e a competição se desenvolvesse entre dois partidos ou coligações ou polos, dos quais cada um teria reconhecido ao outro igual dignidade. Na verdade, parecia que tínhamos nos aproximado desse princípio quando as duas partes contrapostas se encontraram para discutir uma proposta de reforma constitucional que exigia a aprovação das duas.

Repentinamente, a poucos dias das eleições, Silvio Berlusconi, líder de um dos dois polos, rompeu clamorosamente o

1 *La Stampa*, 17 abr. 1996.

pacto, declarando que se a oposição tivesse vencido, a consequência teria sido catastrófica: os italianos não votariam nunca mais. Era natural que tal declaração tivesse suscitado muitos protestos, mesmo ressentidos. Mas, entre estes, quero lembrar uma resposta muito civilizada de Leo Valiani em uma entrevista ao *Corriere della Sera*, na qual ele explica claramente ao seu interlocutor que, se se pode temer um perigo de uma imposição autoritária após as eleições, este vem, eventualmente, da forte presença de um partido como a Aliança Nacional, que é o primeiro aliado de Silvio Berlusconi. Diante da justa insurreição dos adversários, uma pessoa responsável teria refletido sobre a gravidade do que afirmara. Berlusconi, ao contrário, em um artigo publicado em *Il Foglio* de ontem, "confirma seu alarme". Escreve ter sido insultado e desmentido, mas que nenhuma das muitas réplicas o convenceu. A razão principal do protesto é muito clara: declarar que, se os adversários vencerem as eleições, estas serão as últimas, significa apontar este dramático dilema: ou você vota em mim, ou não votará nunca mais. Não é um argumento, é uma ameaça. Com uma intimidação similar, a regra principal da democracia, com base na qual deve ser reconhecida ao adversário plena legitimidade democrática, é negada por um dos próprios protagonistas da competição eleitoral. Os dois concorrentes, nesse ponto, não são mais adversários, mas inimigos. Está claro que Berlusconi não entende ou não quer entender que, se existe um "condicionamento", como ele afirma, ou uma limitação, na livre expressão das opiniões, depende unicamente do fato, este sim anômalo e sem precedentes, de que ele é detentor do monopólio quase total das televisões privadas. Tal situação o coloca em um estado de absoluta superioridade sobre todos os adversários e torna necessários, como mal menor, aqueles condicionamentos e aquelas limitações. Ao contrário do que repete continuamente sobre a falta de liberdade de expressão na Itália, ele se encontra em um estado de liberdade privilegiada enquanto não se resolver o conflito de interesses. Não nos cansamos de repetir que até que esse conflito de interesses, cuja falta de solução torna Berlusconi "mais igual do que os outros", não se resolva, quem está fora de toda regra é ele, apenas ele. Que tome consciência disso e evite agravar o conflito com afirmações inoportunas e inaceitáveis.

# Ambra e o ungido do Senhor[1]

Apareceram, nestas últimas eleições, como se disse, partidos pessoais. Mas a novidade absoluta e surpreendente da Força Itália está em ser – como dizer? – o primeiro partido pessoal de massa. Quem votou na Força Itália não escolheu um programa, escolheu uma pessoa, aquele senhor sempre muito elegante que conhece bem a arte de chamar a atenção para si com seu discurso, sua maneira desenvolta e cativante de se mover e de se dirigir ao próprio público, até mesmo contando, às vezes, uma piada com a perícia de velho cômico; sempre sorridente, seguro de si, hábil simplificador de conceitos econômicos, tanto que os torna acessíveis a todos; muito esperto em se fazer de vítima de complôs, de conspirações, de traições, ingênuo alvo de inimigos malvados e de pérfidos aliados. Já o viram algumas vezes quando, precedido por seu hino, entra em um grande salão lotado de pessoas que, com sua chegada, se levantam e por alguns minutos gritam, aliás invocam: "Silvio, Silvio". Ele é o ungido do Senhor (os bispos italianos deixaram-no dizer); seu

---

1 Bobbio, N. *Tra due Repubbliche*. Roma: Donzelli, 1996.

principal adversário é um Judas; ele diz o que a jovem estreante Ambra[2] deve falar durante a primeira campanha eleitoral: "O Pai Eterno torce por Berlusconi, porque Occhetto é um demônio"; em público, diante de milhões de espectadores, para afirmar uma verdade sua, ele jura em nome de seus filhos; é um daqueles que "sempre têm razão". Parecia, nos últimos tempos, que tinha tomado juízo, mas agora, não faz muito, disse estar investido da Graça de Estado, palavras obscuras e de difícil interpretação, a menos que quisesse dizer simplesmente estado de graça, mas muito eficazes para convencer seus sequazes de que ele está um palmo acima dos outros. Uma das características mais conhecidas e documentadas da "personalidade autoritária" é a absoluta confiança em si mesmo, nas próprias possibilidades de resolver os mais difíceis problemas não apenas para si mesmo, mas também para os outros. Seu mote preferido é: "Deixem-me fazer, trabalho para vocês". Por que não conseguiu manter as promessas das quais se serviu para vencer as eleições? Porque não o deixaram trabalhar. Fala sempre em primeira pessoa. Ele guia, os outros seguem.

Vocês se recordam da fotografia da equipe de agasalho branco que fazia a saudável corridinha matinal? Silvio estava na frente, os outros, seus fiéis colaboradores, o seguiam, ofegantes, mas felizes, no cumprimento de sua obrigação de serviço. Lembro de um dito espirituoso de um desconhecido que, ao ver a ceninha, comentou: "Mi è venuta un'idea/ lo dirò con una battuta/ vestivano i servi un dì la livrea/ oggi la tuta".[3]

Ele não admite ser desmentido. A quem o contesta, responde que não foi compreendido ou que estava naturalmente brincando. O Polo das Liberdades desmantela o Estado social?

---

2 Ambra Angiolini, atriz, cantora e apresentadora de TV, que estreou como apresentadora no programa para adolescentes *Non è la RAI*. (N. T.)
3 "Me veio uma ideia/ que direi com uma piada:/ os criados um dia vestiam o uniforme/ hoje o agasalho." (N. T.)

Mas quem disse isso? Atribui-se a tarefa de proteger os valores cristãos ameaçados pelos "comunistas ateus". Dirige o Polo para as Liberdades, mas no setor decisivo para a garantia das principais liberdades, a formação da opinião pública, cuja expressão livre é o fundamento de um Estado livre, detém o monopólio das televisões privadas, fazendo nascer aquela incompatibilidade entre sua atividade de empreendedor e a de protagonista da vida política, que foi chamada eufemisticamente de "conflito de interesses". [...]

Se tivesse de propor um tema de discussão para a esquerda, hoje, eu proporia o tema muito atual, árduo, mas fascinante, da "sociedade justa". Continuo a preferir a justiça severa à solidariedade generosa. A solidariedade generosa sempre existiu, mesmo quando os mendicantes se aglomeravam nos degraus da igreja.

# A obstinação dos antiacionistas[1]

Era natural que no debate político de hoje – dominado pelo descrédito em que caiu a Primeira República, também devido ao seu excessivo estatismo, por causa do qual, com uma deselegante hipérbole polêmica, alguns dos novos apologistas do livre mercado atribuem até mesmo à forma de Estado afirmada na Itália a introdução de alguns elementos do socialismo real – a atualidade de Rosselli tenha sido procurada na resposta à pergunta: qual socialismo? Também é natural que quem pretendeu respondê-la tenha evidenciado, de modo particular, o antiestatismo rosseliano, fazendo referência seja ao artigo "Contro lo Stato" [Contra o Estado] de dezembro de 1934, em que Rosselli indica no Estado o monstro do mundo moderno que está devorando a sociedade e, como tal, deve ser abatido; seja à tese, expressa por Rosselli várias vezes, de que a revolução italiana, se não quiser degenerar em nova idolatria do Estado, na mais feroz barbárie e reação, deverá, sobre os escombros do Estado fascista capitalista,

---

[1] "Attualità del socialismo liberale", no ensaio introdutório a Rosselli, C. *Socialismo liberale*. Torino: Einaudi, 1997.

fazer ressurgir a Sociedade, federação de associações mais livres e variadas possíveis; seja ao artigo em diálogo com Camillo Berneri (dezembro de 1935), em que Rosselli redefine sua posição com a fórmula do socialismo federalista liberal. Para dizer a verdade, a razão mais forte do renovado interesse pela obra teórica de Rosselli nestes últimos anos foi, além da queda da União Soviética, o revigorado debate – um debate exclusivamente italiano – sobre o Partido da Ação. Tendo feito parte desse partido desde seu nascimento até sua morte (1943-1947), e não tendo me ocupado dele após sua dissolução – não aceitei nem mesmo aderir a grupos que reivindicavam sua atualidade e pretendiam preservar sua memória –, confesso não ter entendido profundamente a razão da obstinação com que os antigos adversários irredutíveis e os novos adversários também, se não mais implacáveis, continuam a mantê-lo vivo, acusando-o de ter tido, por ação direta ou culpável omissão, uma influência desfavorável sobre o desenvolvimento retardado da democracia italiana. À velha e completamente esquecida crítica dos comunistas – segundo a qual o Partido da Ação foi um partido pequeno-burguês de intelectuais elitistas que pretendiam ocupar, na formação política, o lugar dos partidos de massa, mesmo não tendo nenhuma raiz nas classes populares – e ao julgamento malévolo, feito desde o início da Primeira República por um católico como Del Noce – que tinha reprovado os acionistas por ter exercido uma nefasta hegemonia cultural sobre a vida pública italiana após a prematura morte política –, acrescentou-se, nestes anos, uma maldosa e ressentida polêmica, advinda dos novos liberais, os quais, tendo descoberto que durante o meio século da Primeira República o pensamento liberal foi sufocado pelo marxismo, de um lado, e pela restauração católica, do outro, começaram a considerar os acionistas aliados dos comunistas, não apenas durante a guerra de liberação, mas também nos primeiros anos da reconstrução, e em parte responsáveis por ter ajudado os comunistas a encontrar a própria legitimação no arco, como foi chamado, constitucional dos partidos democráticos, do qual estava excluído apenas o Movimento Social; e de ter combatido, dos dois totalitarismos, somente o fascista, e não com a mesma energia o comunista. Que um partido de "terceira força",[2] como se propunha ser o Partido de Ação, entre capitalismo e comunismo, fosse predestinado a ser atacado pela direita e pela esquerda não é de se surpreender. Mais difícil é entender como esse ataque tenha continuado, aliás, tenha se reanimado, quando um dos dois grandes concorrentes estava para sair de cena e não representava mais o antagonista histórico da democracia liberal, aceita por um quase unânime consenso como o ponto de chegada da civilização ocidental. A acusação direcionada ao "acionismo", de não estar equidistante do fascismo e do comunismo, depende também de uma não correta percepção do fato de que os protagonistas da guerra civil europeia não foram dois, capitalismo e comunismo, ou então fascismo e comunismo, mas três: capitalismo, fascismo e comunismo. Portanto, quem se coloca de um ponto de vista puramente negativo, em uma posição de antifascismo ou anticomunismo, cumpre, sem querer ou sem perceber, uma dupla afirmação: se for verdade, como é, que o antifascismo é naturalmente aliado do comunismo, é também verdade que o anticomunismo é naturalmente aliado do fascismo, assim como a antidemocracia é comum tanto ao fascismo quanto ao comunismo. Somente se colocando do ponto de vista daquilo que um movimento de "terceira força" afirma, pode-se colher não apenas quais foram seus reais opostos, mas com base em quais critérios se distinguem. Como terceira força, o Partido de Ação se colocava não entre fascismo e comunismo, mas entre capitalismo e coletivismo. Sob esse aspecto, sua contraposição ao coletivismo em economia era muito nítida, assim como – supérfluo destacá-lo – contra o autoritarismo em política. Não excluo que uma das

---

2 As primeiras duas forças eram a Democracia Cristã e os socialistas e comunistas. (N. T.)

razões da aversão ao "acionismo", ontem e hoje, deva ser buscada também fora da esfera das ideias, das quais os acionistas se fizeram divulgadores, como certamente era para Croce e, sob certos aspectos, para os neoliberais de hoje, mesmo que não sejam crocianos. Deve ser buscada em uma esfera diversa daquela das ideias políticas, ou seja, na autoapresentação que os acionistas faziam de si mesmos como de uma aristocracia do pensamento, chamada a debelar, de uma vez por todas, os velhos males da Itália: o fascismo como autobiografia da nação. Das duas Itálias, a Itália civil contraposta à Itália bárbara, eles se consideravam os únicos e mais genuínos representantes da primeira. Eu não falaria de uma verdadeira arrogância intelectual, mas sim de um certo complexo de superioridade que justificava a escolha deles de não se associar a nenhum dos partidos precedentes; todos, em maior ou menor medida, responsáveis pela ruína do país e, eventualmente, também pela reinvindicação deles de se colocar à frente do resgate nacional por meio de uma concepção ética da política, alguém dizia heroica também; política entendida como vocação e como missão no momento das grandes crises da civilização, no momento das grandes férias, após as quais cada um volta para o seu lugar dos dias úteis.

# O fim da esquerda[1]

"Não, não quero pensar que acabe com as demissões do governo da Oliveira.[2] Seria uma crise louca; Prodi tem razão. E acrescento: seria não só louca, mas também autodestrutiva."
*Norberto Bobbio não esconde a amargura que se mistura, nessas horas de incerteza, a uma forma de fatalismo que vem de uma longa experiência:* "Olhe, a esquerda italiana confirma uma constante de sua história: nos momentos difíceis, se divide a fim de facilitar para a direita".

*Depois continua contando uma sequência que conhece bem e que tantas vezes passou em revista:* "Em janeiro de 1921, a cisão de Livorno, da qual nasce o Partido Comunista Italiano, preparou o terreno para a vitória do fascismo; em janeiro de 1947, a cisão de Palazzo Barberini, com a qual Saragat deu vida ao Partido Social Democrata, serviu à Democracia Cristã; em 1964, o nascimento do Partido Socialista de Unidade Proletária abriu caminho a quem

---

1 *L'Unità*, entrevista concedida a Giancarlo Bosetti, 9 out. 1997.
2 A Oliveira (L'Uivo) foi uma coalização de partidos italianos de centro e esquerda (1995-2007), criada por Romano Prodi. (N. T.)

quisesse sepultar o experimento da centro-esquerda. Esta seria, portanto, a quarta vez".

*Há meses, Bobbio, quando o consultam, você repete que não quer mais comentar os acontecimentos da política italiana, que prefere se concentrar em temas mais pertinentes à sua profissão de filósofo, jurista, teórico da ciência política, dedicar-se também à sua condição de idoso que quer ser deixado um pouco em paz. Desta vez, porém, estão fazendo grandes besteiras?*

Confesso que, nestes dias, os eventos políticos me provocam um sentimento de perda e de intolerância. Não consigo entender. Estou fora da disputa e, portanto, não tenho todos os elementos para julgar, mas me pergunto: como Bertinotti faz para não ver que a escolha de provocar uma crise agora é gravíssima?

*Que consequências pode ter? O encontro europeu se perde?*

Uma crise agora quer dizer o fim da esquerda italiana, que não vencerá nunca mais as eleições. Já lhe disse: é uma lei, a lei da divisão, que chega no momento em que a esquerda poderia conseguir se tornar como a esquerda de outros países europeus. Há sempre uma coisa que a impede. É quase uma fatalidade. Seria uma exceção se não acontecesse também desta vez.

*Contra o fato, o que se pode fazer?*

Sempre disse e repito: o extremismo não é compatível com o governo de uma democracia. Na política italiana, o obstáculo de uma esquerda maximalista sempre existiu e agora temos a confirmação de que ainda existe. Portanto, não haveria nada de estranho no fato de que Bertinotti fosse para a oposição, pois o extremismo pode estar apenas na oposição. Se um grande vício da Primeira República foi, como sabemos, aquele da *conventio ad excludendum* em relação aos comunistas, não se vê por que essa *conventio* não deva valer também para a Segunda. Aliás, deveria ser eventualmente uma *conventio* agravada, porque se naquele momento alguém poderia nutrir ilusões sobre o sistema soviético, que estava ainda de pé, hoje que o comunismo faliu deveria se *exigir* a exclusão dos comunistas. É uma contradição tremenda, insustentável, a de ser comunista e fazer parte da maioria do governo.

*Mas sabemos que na Itália é tudo mais complicado: o sistema eleitoral, primeiro a Liga com Berlusconi, agora a Refundação com a Oliveira. Podem vencer as eleições, mas depois a maioria é instável.*

Aqui entramos no campo das mediações parlamentares e das manobras destas horas. Não estou por dentro das coisas secretas; como observador externo, posso apenas sugerir a D'Alema que se mostre mais conciliador e não use a ameaça das eleições como um meio para derrotar Bertinotti. É uma forma de pressão que, de resto, o presidente da República não me parece inclinado a colocar-lhe à disposição. Se a maioria não podia abrir mão do apoio dos deputados da Refundação Comunista, não se podia tomar como certo que eles se adequassem ao fato concluído, como havia acontecido outras vezes. Não era preciso aceitar tudo como já decidido. Certamente se podia evitar o erro cometido pelos deputados do PDS (Partido Democrático de Esquerda) que estavam dizendo que era um blefe de Bertinotti: era como declarar que se desejava a crise.

*Nestas horas estão ainda tentando encontrar uma solução. O que você quer dizer a Bertinotti?*

Que pense na Operação Mãos Limpas,[3] no fato de que será cancelada, no triunfo dos corruptos. Mas é possível que já não tenha nisso pensado sozinho?

---

3 A Operação Mãos Limpas ou Mani Pulite foi uma investigação judicial de grande envergadura na Itália. Tinha como objetivo esclarecer casos de corrupção durante a década de 1990. A Operação levou ao fim a chamada Primeira República Italiana e ao desaparecimento de muitos partidos políticos. Alguns políticos e industriais cometeram suicídio quando seus crimes foram descobertos. (N. T.)

# "Desconcertado e desconsolado"[1]

"Estou desconsolado. Desconcertado e desconsolado." Cada vez mais afiado com o passar dos anos, Norberto Bobbio nos recebe com ar de quem não absorveu ainda completamente uma péssima notícia. *Fomos encontrá-lo, junto com o diretor do* La Stampa, *para os festejos da Páscoa. Na realidade, dias serenos o aguardam, com um encontro "importantíssimo", como ele mesmo o define: o 57º aniversário de matrimônio que festejará, com a sra. Valeria, na casa da Rua Sacchi, afetivamente circundado pelos filhos, noras e netos. Mas é inevitável falar dos resultados das eleições.* "Certamente não ajudam a levantar o moral", diz o professor, *enquanto nos acompanha ao seu estúdio. Por mais que continue a seguir de perto a vida pública e mantenha o hábito de escrever cartas, o autor de* Direita e esquerda *que, em outubro, completará 91 anos, tende a se considerar agora um observador mais distante da cena política: mas quando começa a analisar o voto, é como se um vento de tormenta o agitasse e sua veia pessimista reemerge.*

---

1 *La Stampa*, entrevista concedida a Alberto Papuzzi, 23 abr. 2000.

*Por que se declara desconsolado, professor? Não esperava essa derrota da centro-esquerda? Os presságios não estavam no ar? Todos nós costumávamos encontrar pessoas, do porteiro ao taxista e à baby-sitter, que diziam que votariam na centro-direita...*

Sim, é claro. Podia-se também esperar uma derrota da centro-esquerda. Mas não dessa dimensão. Não nessas proporções. Olhe que ninguém, na realidade, tinha imaginado um cataclismo similar. Mas o que me deixa desconsolado não é que a centro-esquerda tenha perdido, mas que tenha vencido esta centro-direita: estou mortificado de ver os italianos se entregarem inertes a dois personagens como Berlusconi e Bossi. Um acontecimento que, me parece, os jornais não explicam de modo satisfatório. Todos escrevem artigos para explicar por que a centro-esquerda perdeu, mas nenhum nos explica como Berlusconi e Bossi puderam vencer de maneira tão clamorosa. Seus adversários não os venceram, e sim os destroçaram.

*O senhor acha que não pesaram os golpes da centro-esquerda, as incertezas do governo, a altivez de D'Alema?*

Erros na centro-esquerda foram cometidos, a partir da queda do governo Prodi, em outubro de 1998. Houve erros também no governo, que, globalmente, operou bastante bem. D'Alema, por mais que seja um político inteligente e muito hábil, não obstante o que a oposição diz sobre isso, e que, entre outras coisas, deu um exemplo de retidão entregando imediatamente a demissão, nem sempre é simpático. Há uma excessiva estima de si: em relação a ele, todos os outros são pobres-diabos, a quem se reserva frequentemente um sorrisinho de compaixão. Notou-se que fala quase sempre, sem perceber, em primeira pessoa. Ele é ele.

De qualquer modo, tudo isso é suficiente para explicar um sucesso imponente como o de Berlusconi e de Bossi? Para mim não parece. Queremos tomar consciência de que a parte do país que conta hoje está inteiramente nas mãos de Berlusconi e de Bossi?

*O que representam esses dois líderes na cena política italiana?*
Bossi me parece uma pessoa vulgar, ignorante e, em seu comportamento em relação aos diferentes, também racista. Inventou a Padania, um país que nunca existiu nem histórica, nem geográfica, nem culturalmente, que não se sabe onde nasce e onde acaba. Nem mesmo ele sabe. Berlusconi, inteligente e obstinado, inescrupuloso, é um homem de poder que, após ter conquistado o poder econômico, voltou-se, com sucesso, para a conquista do poder político. Sofre ou, se preferir, goza de um soberbo complexo de superioridade: lembram-se de quando se apresentou pela primeira vez na ribalta da política como o ungido pelo Senhor, que é, para quem não sabe, Jesus Cristo? Tem uma infalível capacidade de dar a entender: de um lado, que ele é perseguido, do outro, que sua tarefa é a de livrar a Itália do comunismo.

*Porém, Berlusconi e Bossi parecem convencer a maioria dos italianos. Digamos que agradam. Como explica isso, professor?*
Limito-me a constatar que os grandes jornais estrangeiros zombam de nós e alguns até mesmo nos desprezam. Escrevem que estamos à margem da Europa. O senhor imagina um homem como Bossi nos próximos encontros internacionais, que serão cada vez mais frequentes? À maior parte dos italianos sempre agradou mais a direita do que a esquerda: o fascismo nasceu por medo de uma subversão de esquerda; a Democracia Cristã, para colocar uma barreira na frente da esquerda; a Democracia Cristã, de qualquer modo, tinha dirigentes que eram uns gigantes em relação aos chefes dessa centro-esquerda. Deixemos de lado um estadista como Alcide De Gasperi, mas não esqueceria os dois assim chamados "cavalos de raça" Moro e Fanfani e, por que não, Zaccagnini e o último De Mita. Mas quando é que a esquerda venceu na Itália?

*A última vez que Walter Veltroni veio encontrá-lo, por ocasião do Congresso Nacional dos DS, o senhor lhe recordou que uma esquerda*

*moderna, se é justo que abrace os princípios do liberalismo, não deve, porém, esquecer os da tradição socialista. Parece-lhe que se cometeu esse erro? Considera que tenha pesado uma perda de identidade da esquerda?*
Há anos nos indagamos isso. À pergunta de um jornal sobre como se pode superar a crise da esquerda, um intelectual sério e culto como Luigi Pintor responde que é preciso reencontrar a verdadeira esquerda. Mas o que isso quer dizer? É uma expressão tautológica: difícil saber o que é a verdadeira esquerda se não se sabe qual é a não verdadeira. Tive oportunidade de falar com um amigo, candidato da esquerda nestas eleições, a respeito de sua experiência em campanha eleitoral: à parte a dificuldade de se fazer ouvir e os panfletos rasgados imediatamente, foi atingido sobretudo pelo fato de que as perguntas que lhe dirigiam eram todas perguntas de direita: segurança em relação aos pequenos delinquentes, intolerância em relação aos imigrantes e medo dos drogados. Eu mesmo, quando vi panfletos de candidatos da centro-esquerda que tranquilamente poderiam ter sido escritos por candidatos da centro-direita, tive a sensação de que é cada vez mais difícil distinguir a direita da esquerda. Não basta dizer que se quer reduzir o desemprego. Achamos, talvez, que a centro-direita vá declarar que quer aumentá-lo?

*Lembro que um grande congresso internacional, aqui em Turim, uma dezena de anos atrás, em que o senhor participou com Michael Walzer e outros intelectuais de esquerda, intitulava-se* What's Left?
Vê? Os anos passam e nos deparamos sempre com a mesma pergunta.

*Podemos lhe perguntar o que pensa da tarefa assumida por Giuliano Amato?*
Eu o conheço bem, é um velho amigo. Considero que tem competência, capacidade, senso do dever e de Estado, todas qualidades, reconhecidas também pelos adversários, que lhe permitirão enfrentar com confiança a difícil tarefa.

*A história da esquerda se entrecruzou também com os grupos intelectuais de nossas cidades: até vinte anos atrás se podia dizer que cada grande cidade italiana tinha um grupo próprio, reconhecível, de intelectuais, no qual se espelhava uma identidade política. Talvez hoje isso tenha se perdido e seja uma outra razão de crise da esquerda?*

Minhas lembranças, na verdade, são muito mais antigas: no grupo de intelectuais que eu frequentava, havia personagens como Leone Ginzburg, para não falar de Massimo Mila e Cesare Pavese. Tive a sorte de conhecer Giaime Pintor, que não era turinense mas vivia em Turim durante o serviço militar e que, com 20 anos, traduzira Rilke. Convido os jovens a ler a coletânea de seus escritos, publicada pela Einaudi, com o belo título, sensível e sugestivo: *O sangue da Europa*.

*Então, professor, os intelectuais ainda podem ter o papel de orientar os destinos da política?*

Frequentemente, tenho a impressão de que nesse universo globalizado continuamos a discutir sobre ideias, enquanto o que conta agora são os grandes interesses econômicos e financeiros, que passam por cima da política e não estão muito preocupados com a cultura. Depois, o que sei sobre isso, velho e acabado, de como os potentados econômicos e financeiros movem o mundo? Valerão ainda as regras do Estado democrático e de direito, que até agora foi nosso modelo ideal? Sobreviverá a distinção entre o que é lícito e o que é ilícito?

# Loucura itálica[1]

Acredito realmente, mesmo que ninguém fale claramente sobre isso, que um vento de loucura esteja arrastando nosso já frágil sistema político. O que existe de mais louco, quero dizer de insensato e grotesco, do que essa corrida quase cotidiana à formação, por parte deste ou daquele homem político, do próprio partido pessoal? Acho que "partido pessoal" é uma contradição em termos. O partido, por definição, é uma associação de indivíduos que estão juntos para alcançar um objetivo comum. Os dicionários, todos eles, definem o partido como uma associação, ou qualquer coisa parecida.

As definições que se leem em cada dicionário não são uma opinião. Mesmo assim, em nosso país os partidos pessoais são recorrentes desde os tempos do primeiro interventor clarividente Marco Pannella. É desses dias o anúncio de que Sergio D'Antoni também criou seu próprio partido. Sentia-se realmente a necessidade disso. Havia tempos corria a pergunta: "Cada líder

---
[1] *La Stampa*, 22 out. 2000.

político agora tem seu partido. E D'Antoni? E D'Antoni?". A curiosidade agora está satisfeita. Podemos suspirar aliviados.

Não sei quantos são, em nosso país, os partidos pessoais. Sei apenas que, se nos outros países o partido pessoal pode surgir e desaparecer logo, como o Poujade na França, na Itália o partido feito sob medida está se tornando uma regra. O fenômeno já foi estudado: refiro-me ao bom livro de Mauro Calise, publicado pela Laterza alguns meses atrás, intitulado justamente *O partido pessoal*. Mas, se continuar assim, será necessário pelo menos um apêndice.

Na passagem da Primeira à Segunda República havia aparecido no horizonte a miragem de um sistema político mais avançado do que o precedente, que era um sistema de bipartidarismo imperfeito. Mais avançado queria dizer que o bipartidarismo deveria ser, também na Itália – como nas democracias normais –, perfeito, com dois partidos alternativos. Aconteceu exatamente o contrário.

Os partidos se multiplicaram, desde que se possa ainda chamar de partidos agrupamentos ocasionais, nascidos de um dia para o outro, sem história e sem futuro e, além do mais, sem sentido (daqui a loucura). Parodiando a famosa ária de Don Giovanni, estou tentado a cantar "O catálogo é este... na Itália já são 43". Em outras palavras, a miragem era a de ter uma democracia melhor.

Agora podemos constatar que certamente temos uma democracia pior. Nosso sistema democrático está deformado por, ao menos, duas razões. Uma democracia normal é fundada sobre a alternância entre uma direita forte e uma esquerda forte e, quando existe, por um centro mais fraco que deveria funcionar como ponteiro da balança. Acontece, ao contrário, que os partidinhos improvisados, nascidos de hoje para amanhã, destinados a desaparecer sem deixar rastros, tendem todos ao centro, são todos partidos que não têm nem a pretensão nem a ambição de ser centrais, mas são *naturaliter* centristas. Estão de prontidão no centro, prontos a se voltar à esquerda ou à direita de acordo com o vento que sopra.

Assim que o neonato vem à luz, os observadores políticos já disparam uma pergunta obrigatória: ele ficará no centro em direção à direita ou à esquerda? Pergunta obrigatória, mas vã, porque a força de um pequeno partido de centro é exatamente a de permanecer ambíguo na escolha da coalizão. A segunda razão pela qual a multiplicação dos partidos corrompe o sistema democrático é também muito conhecida: quanto maior o número dos partidos, tanto mais fracas as coalizões de governo, cuja compacidade deriva do acordo dos partidos que fazem parte delas.

Da história da Primeira República deveríamos ter aprendido que uma das fraquezas constitutivas do sistema derivava da rapidez com que se passava de um governo a outro. Mas então os partidos eram cinco ou seis. Agora são mais de quarenta. Não é preciso muita imaginação para perceber a quadruplicada dificuldade de cumprir a operação normal de distribuir poltronas e da quádrupla instabilidade do governo. O discurso, porém, não pode ser encerrado aqui: ao lado da anomalia dos quarenta partidinhos pessoais existe, em nosso sistema, uma anomalia ainda mais grave: a de um partido pessoal, personalíssimo, que não é um partidinho, mas um partidão, como não existe igual em nenhum outro país do mundo. Vocês já entenderam.

Mas existe uma diferença essencial que pode ser vista como uma glória para Silvio Berlusconi, que é seu fundador e patrão: a Força Itália não é um partido improvisado. Sua gestação foi longa e meticulosamente pensada. Houve um tempo, alguns anos atrás, em que tinham aparecido inesperadamente, em nosso país, grandes manifestos com um sorridente menino que balbuciava: "Força Itália".

Aquela criancinha se transformou, pouco depois, em um personagem adulto, que começou a gritar por todas as ruas da Itália o fatídico "Força Itália" que todo domingo ressoa ruidosamente em nossos estádios. Com uma última metamorfose, aquele personagem assumiu agora o rosto sorridente e tranquilizador (porque garante segurança a todos) de Berlusconi, que se mostra a qualquer um que passe pela rua de qualquer cidadezinha italiana. Exatamente porque não nasceu ontem, o partidinho pessoal, diferente dos partidinhos, está fadado a durar muito. Não tardaremos a perceber isso.

# "Esta direita não é liberal"[1]

"Se não o derem [o selo cívico] a Sandro, peço calorosamente que não o deem nem mesmo a mim."
*Norberto Bobbio está irritado com as distinções introduzidas pelo Polo entre ele e o amigo Galante Garrone, sobre qual dos dois nonagenários merece ou não essa honraria, que goza, graças a eles, de uma fase de notoriedade insólita. Na realidade, parece um pouco irritado com todo o evento, sobre o qual esclarece nesta entrevista.*

*Silvio Berlusconi julga Galante Garrone partidário, mas absolve o senhor. Satisfeito, professor Bobbio?*

De modo algum. Quando a diferença era feita pela Aliança Nacional, eu podia entendê-la, pois reconheço que, em relação ao fascismo, Sandro foi muito mais intransigente do que eu. Mas, em relação a Berlusconi, não vejo essa diferença, porque sobre Silvio Berlusconi eu tenho a mesma opinião que Galante Garrone.

---

[1] *La Stampa*, entrevista não assinada, 27 out. 2000.

*Qual é, professor, essa opinião?*
Eu o considero uma pessoa que une à inteligência, à capacidade, a um admirável senso de humor, que lhe permite rir de si mesmo – é conhecido como um hábil contador de piadas –, uma falta de escrúpulos que geralmente é a virtude do político de sucesso. Porém, considero que a Segunda República, com a aparição de Silvio no horizonte político – e da qual ele, goste ou não, é certamente um protagonista –, começou mal. Se vencer as eleições, como é possível, acabará pior.

*Por que o chefe do Polo seria tão perigoso?*
Porque é um homem de direita que reúne várias forças, entre as quais a Liga de Bossi e, no extremo oposto, a Aliança Nacional, ali incluídos sobreviventes da direita democrata cristã, em uma coalizão que não tem nada a ver com a velha e tradicional direita liberal, à qual pertencem homens como Benedetto Croce, Luigi Einaudi e, na Primeira República, Giovanni Malagodi. É uma direita que promete, em primeiro lugar, segurança. Existe uma outra segurança, que é de esquerda, do trabalho e sobre o trabalho, enquanto a segurança que Berlusconi garante é a típica solicitação de *law and order*, na tradição da direita mais reacionária. Digo isso sem animosidade, mas com profunda convicção, e nisso estou perfeitamente de acordo com Galante Garrone.

*Devemos deduzir, professor, que nem mesmo o senhor merece o selo?*
Penso como Sandro, por isso desejo estar unido a ele na desgraça, caso possamos considerar assim (mas não consideramos), de não ter a aprovação para o selo cívico. Aliás, posso dizer que, se não o derem a Sandro, peço calorosamente que também não o deem a mim. Já recebi a proposta com frieza; depois, se a honraria nascesse de uma divergência entre nós dois sobre a avaliação de Berlusconi, isso me levaria inclusive a rejeitá-la.

*Como se explica essa hostilidade por dois anciãos que não militam em partidos? O senhor considera que ainda entre em jogo o passado "acionista" de vocês?*

Acho que essa história é efetivamente uma ponta da perene e persistente polêmica antiacionista. Por mais que o acionismo não exista mais – aliás, como força política de nossa República nunca existiu, porque durou o espaço de uma manhã –, permaneceu essa antipatia. O Partido da Ação era um partido de intelectuais, sem seguidores nas massas, e os intelectuais são sempre suspeitos de ser esnobes. Um partido que não era feito de políticos, exceto por alguns como Ugo La Malfa, mas de pessoas que entraram na luta política por razões ideais, que não tinham vocação para a política politiqueira; tanto é verdade que a maior parte, quando o partido acabou, não continuou a se dedicar à política.

*Então tudo isso poderia incomodar? Os acionistas eram vistos como uma espécie de elite?*

Pode ser. Reprovavam-nos por olhar os outros de cima para baixo. Lembremo-nos de que o Partido da Ação era o único partido realmente novo, com pretensões de inovação e transformação que podem ter parecido ambiciosas demais. Havia a ideia de uma ruptura com o passado, é preciso repensar na definição gobettiana do fascismo como "autobiografia de uma nação". Isso faz pensar em uma posição arrogante, no sentido de pessoas que se arrogam o direito de ser um pouco os mentores da Nova Itália. Devo dizer que Sandro representa muito bem esse tipo de intransigência, de fato ele se definiu como jacobino "ameno". Muito seguro de suas ideias, muito firme, corajoso em expressá-las, Sandro representa muito bem esse tipo ideal do acionista.

*Professor, como acabará essa história sem fim: os dois ficarão sem o selo cívico?*

Veja que nós dois somos um pretexto. Somos um pretexto para uma das tantas rixas políticas que cotidianamente se desenvolvem em nosso país. Além de tudo, o aspecto ridículo da coisa é que, para prestar honraria a dois nonagenários, não nos julgam por aquilo que dissemos e fizemos em tantas fases de nossa vida, mas nos julgam com base em afiliações políticas.

# Vence com a publicidade[1]

Entre os sociólogos, sempre se debate se o sucesso de um produto depende de sua qualidade e de sua real superioridade sobre outros produtos iguais ou da habilidade com que é apresentado ao público, sobretudo após o advento da televisão, cuja eficácia para criar consenso é superior a qualquer outro meio de comunicação. Por que aquilo que vale na esfera do mercado não poderia valer na esfera da política, entre os produtos dos quais se sobressaem os programas eleitorais? Estamos mesmo certos de que a maior credibilidade da direita berlusconiana deriva não de uma ponderada avaliação positiva de sua ação política, mas dos meios empregados para fazê-la conhecer? Qual partido hoje pode competir com a suntuosidade, a falta de escrúpulos, o descaramento da propaganda que a Força Itália faz de si mesma através dos grandes *outdoors* que inundaram nossas cidades? Não vimos, nestes dias em que escrevo, que apareceu um desses grandes *outdoors* em que Berlusconi deseja feliz Natal a todos os italianos? Quem pode achar que contem menos para essa

---

1 *Reset*, n.64, jan.-fev. 2001.

"gente" as promessas ostentadas com uma propaganda tão assediante e obsessiva, e talvez também receber cumprimentos pelo Natal, do que as ações positivas da esquerda que a *Reset* cita, mas não são suficientemente conhecidas porque não transmitidas ao público, ao menos não com os mesmos meios?

# Apelo contra a Casa das Liberdades[1]

*Norberto Bobbio, Alessandro Galante Garrone, Alessandro Pizzorusso, Paolo Sylos Labini:*
É necessário derrotar com o voto a chamada Casa das Liberdades.[2] Direita e esquerda não têm nada a ver: está em jogo a democracia. Berlusconi declarou querer reformar também a primeira parte da Constituição, isto é, os valores fundamentais sobre os quais se apoia a República italiana. Anunciou uma lei que daria ao Parlamento o poder de estabelecer a cada ano a prioridade dos crimes a perseguir. Tal lei subordinaria o Poder Judiciário ao poder político, abatendo dessa forma um dos pilares do Estado de direito.

Além disso, Berlusconi, já mais de uma vez condenado e investigado, na Itália e no exterior, por diversos crimes, entre os quais um relacionado à Máfia, insulta os juízes e tenta deslegitimá-los de todos os modos, um fato que não tem precedentes no mundo. Mas somos ainda realmente um país civil?

---
1 Apelo publicado por alguns jornais e pelas revistas *Il Ponte* e *Critica Liberale*, 8 mar. 2001.
2 A Casa das Liberdades é uma coalizão criada em 2000 por Berlusconi. (N. T.)

Quem pensa nos seus negócios econômicos e nas suas vantagens fiscais governa muito mal: nos sete meses de 1994, o governo Berlusconi deu uma prova desastrosa disso. Os inumeráveis conflitos de interesse criariam obstáculos tremendos a um governo seu tanto na Itália como, e mais ainda, na Europa. As grandiosas obras públicas prometidas pelo Polo deveriam ser financiadas, ao menos em parte, com o déficit público, o que nos conduziria para fora da Europa. Àqueles que, desiludidos pela centro-esquerda, pensam em não ir votar, dizemos: quem se abstém vota em Berlusconi. Uma vitória da Casa das Liberdades minaria as bases da democracia.

*O perigo para Berlusconi constituído por este apelo, que tentava corrigir a configuração de D'Alema e de toda a centro-esquerda dada à campanha eleitoral, foi imediatamente percebido pela direita e pelos chamados "terceiristas", que reagiram com um contra-apelo publicado em* Il Foglio *da casa Arcore:*[3] *"Acreditamos que nas próximas eleições políticas se deva votar livre, consciente e serenamente de acordo com as ideias e as inclinações de cada um. Estamos convencidos de que não está em curso um embate entre civilização e barbárie. A atual maioria do governo e a coalizão das oposições têm pleno e legítimo direito de ser julgadas de modo maduro e sensato. A ênfase emotiva, o desmedido ataque pessoal e a transformação da campanha eleitoral em um conflito final em defesa da democracia em perigo são instrumentos de um velho arsenal ideológico que já trouxe graves danos ao país e à credibilidade de suas classes dirigentes, políticas e intelectuais".*

*Assinaram: Franco Debenedetti, Luciano Cafagna, Michele Salvati, Paolo Mieli, Augusto Barbera. É desnecessário notar que essa linha política de* Il Foglio, *nos anos seguintes, foi apropriada pela extragrande maioria das forças da União e, em seguida, oficialmente adotada pelo Partido Democrático de Veltroni.* (N. O.)

---

3 Arcore é a cidade onde Berlusconi morava regularmente. (N. T.)

## Um político pode se denominar "ungido pelo Senhor"?[1]

Sabe-se que as batalhas políticas se combatem mais com argumentos contra os próprios adversários do que com argumentos a favor de nossos aliados. Basta pensar: da direita aos anticomunistas; da esquerda aos antifascistas. São uns e outros pela democracia, mas o que une não é o pró, e sim o contra. Em minha opinião, não há nada de novo, portanto, naquilo que a *Reset* observa sobre a maior presença e veemência da polêmica contra Berlusconi em relação àquela em favor de um novo premiê.

A maior razão da crise da centro-esquerda e, portanto, da crítica daqueles que, segundo a *Reset*, não estão satisfeitos com esses cinco anos de governo, encontra-se em dever constatar a falta de unidade na *leadership*, que desorienta o eventual eleitor: por trás da falta de um líder se entrevê a falta de uma forte linha política. Em poucos anos se passou de Prodi a D'Alema, de

---

1 *La Stampa*, 26 abr. 2001.

D'Alema a Amato e por último, inexplicavelmente, de Amato a Rutelli.

Dos dois apelos, um contra Berlusconi e sua inconfiabilidade democrática e o outro contra a exasperação dos tons e a recíproca deslegitimação dos dois concorrentes, eu pertenço, entre os amigos da *Reset*, ao lado daqueles que são favoráveis ao primeiro. Berlusconi não é um adversário político como os outros. Se não bastasse sua história pessoal bem ilustrada pelo livro de Travaglio, se não bastasse o modo personalista e megalomaníaco de se definir o ungido do Senhor e de se declarar, como fez recentemente, o "melhor", invadindo o país com gigantescos *outdoors* que reproduzem seu rosto e assim dando um exemplo sem precedentes de personalização da política; os 12 milhões de cópias do livro, publicado agora, que ilustra sua vida por meio de fotografias, mostraram nestes dias, para além de qualquer razoável dúvida, que figura ele é, uma figura em relação à qual os cidadãos, que conservaram ainda um pouco de bom senso e de senso de humor, perguntam-se surpresos se não perdeu o senso do ridículo. Não tenho, portanto, nenhuma dúvida de que a oposição ao *Cavaliere* deve ser conduzida com decisão. Sejamos sérios!

À Oliveira, que é uma força de esquerda, pede-se aquilo que sempre se pediu a qualquer força de esquerda, vale dizer: colocar-se do lado daqueles que precisam, para viver, fazer trabalhos humildes e frequentemente mal pagos.

# Um partido subversivo[1]

*VIROLI – Vamos tentar ser prudentes e procurar entender qual fenômeno político já visto se esconde debaixo do novo nome e das novas cores dos partidos pessoais e da Força Itália.*

BOBBIO – Quando falo de "partido pessoal", pretendo enfatizar o partido criado por uma pessoa em contraste com o partido em sentido próprio, que consiste, por definição, em uma associação de pessoas. O partido pessoal é algo diferente do fato de que os partidos têm um líder ou alguns líderes. Todos os partidos, como explicou Robert Michels, têm um líder. Tanto é verdade que um partido que não tem apenas um líder, mas vários, é considerado um partido anômalo. A Democracia Cristã, que foi um grande partido e, como tal, dominou por vários anos a vida política italiana, sempre teve muitos líderes. Por isso, era julgado anômalo. Mas o partido, via de regra, tem um líder. Pense em Nenni, no Partido Socialista; em Togliatti e depois Berlinguer, no Partido Comunista; em Ugo La Malfa, no Partido Republicano. Um partido não pode viver sem líder. Mas tanto a Força Itália

---
1 Bobbio, N.; Viroli, M. *Dialogo intorno alla Repubblica.* Roma-Bari: Laterza, 2001.

quanto o partido de D'Antoni, para citar o mais recente, são uma coisa bem diferente dos velhos partidos com seus líderes.

*VIROLI – À Força Itália, para não falar dos outros partidos pessoais, falta a ideologia, ao menos por enquanto, para se tornar mais parecido com o partido tradicional. Por ideologia entendo um conjunto de princípios compartilhados, uma representação do futuro e do passado.*

BOBBIO – Acredito que a Força Itália tenha uma ideologia. Talvez seja uma ideologia apenas negativa, a ideologia do antiestatismo em contraposição ao estatismo que Berlusconi atribui a toda a esquerda. Uma ideologia antiestatista em nome do mercado que, embora negativa, consegue se difundir, mesmo porque Berlusconi identifica o estatismo com o comunismo e conseguiu convencer que a Itália, que já foi estatista, foi comunista. O que significa que, para libertar a Itália do comunismo, é necessário libertá-la também do estatismo.

*VIROLI – Os velhos partidos tinham uma galeria de antepassados, tinham um passado. Podiam invocar uma tradição à qual se apelava nos momentos de dificuldade, para reencontrar a fé perdida, ou para se renovar em nome dos princípios fundadores, ou para legitimar escolhas de renovação. Hoje quase não existem mais partidos importantes que possam expor uma galeria de antepassados ilustres, menos que todos o de Berlusconi. Você acha que ele procurará um modo qualquer de construir uma tradição ideal e política, talvez pegando emprestado figuras de outros partidos?*

BOBBIO – A Força Itália é uma reação ao estado de coisas existente. O fascismo também foi um movimento novo, declaradamente novo, que nascia por reação à realidade política e social que se criara nos anos imediatamente sucessivos à Primeira Guerra Mundial. O partido que Berlusconi fundou é um partido nascido para liquidar a Primeira República. Uma das razões da força (e, para mim, também da periculosidade) de Berlusconi consiste em ter marcado uma nova etapa na história do país: em ser e se apresentar como fundador de um partido novo em contraposição aos velhos partidos considerados decadentes, como os fascistas se apresentavam em comparação aos velhos partidos da Itália liberal.

VIROLI – *Mussolini se proclamava, de fato, inimigo da democracia decadente.*

BOBBIO – Mussolini considerava que os outros partidos estavam acabados, já tinham exaurido sua tarefa. Proclamava a necessidade de uma renovação geral. O nascimento da Força Itália é muito parecido com o nascimento do Partido Fascista, no sentido, como expliquei, de partido novo. Mesmo que se defina como o partido da liberdade, aliás, o centro de um Polo das Liberdades, a Força Itália não se liga à tradição liberal italiana de modo nenhum. Não tem nada de parecido com o liberalismo de Einaudi, para citar o nome mais significativo. Não tem nem mesmo as características do clássico partido conservador. A Força Itália é, portanto, um partido subversivo, Berlusconi sabe disso perfeitamente.

*VIROLI – Em minha opinião, o caráter subversivo da Força Itália consiste no fato de que se trata de um partido fundado sobre a lealdade incondicional em relação ao chefe, e não em relação a uma ideia ou um projeto, ou a uma utopia que transcende o chefe. Tenho a impressão de que o dirigente local, o que recolhe votos, o defensor da Força Itália, se sente leal a Silvio, não a uma ideia. Os dirigentes e os militantes do velho Partido Comunista, ou do Partido Socialista ou do Partido Republicano, estavam empenhados primeiramente em defender ideias e interesses, não em sustentar Berlinguer, ou Nemmi, ou La Malfa. Mesmo nos partidos da Primeira República existiam, obviamente, fenômenos de lealdade clientelista, sobretudo na Democracia Cristã. Falava-se, de fato, na linguagem política corrente e na linguagem política mais culta, de "fanfanianos", "forlanianos", "demitianos", "andreottianos" e assim por diante. Mas, à parte o fato de que se tratava de mais chefes e não de apenas um, o caráter clientelista (no sentido clássico: um poderoso que distribui favores aos clientes, que se prostram e oferecem sua lealdade) e personalista da Democracia Cristã (e em medida mais ou menos acentuada, também de outros partidos) era apontado como um elemento de corrupção da vida política italiana. Hoje, ao contrário, a opinião pública aceita sem sobressaltos a existência de um grande partido pessoal que se baseia na lealdade em relação a um chefe. Aceita como um dado normal um fenômeno político que toda pessoa que tenha um mínimo de consciência civil deveria ver com a máxima preocupação.*

BOBBIO – Berlusconi não só fundou um partido pessoal; também faz de tudo para acentuar o caráter pessoal da Força Itália. Prova disso é que exibe sua cara em todos os lugares. Sua cara sempre sorridente, sempre segura de si, o homem abençoado por Deus, aliás, até mesmo o "ungido do Senhor", como ele mesmo se proclamou.

*VIROLI – Há um outro aspecto do partido de Berlusconi que apresenta uma analogia significativa com os movimentos totalitários. Refiro-me ao fato de que a palavra de Silvio tem credibilidade como se fosse a palavra profética. Pode proclamar as mentiras mais ridículas e ser acreditado. Proclamou, e continua a proclamar, que desde 1945 até quando ele se tornou presidente do Conselho, a Itália foi governada pelos comunistas; e há milhões de italianos que acreditam e têm confiança nele.*

BOBBIO – A personalização é típica do chefe carismático. Mussolini foi, sem dúvida, um chefe carismático. Quando aparecia na sacada, arrancava aplausos, dialogava com a multidão. Fazia discursos breves, muito incisivos; depois, fazia perguntas à multidão, perguntas às quais a multidão devia responder sim ou não, de acordo com o que estava já previsto. Mussolini sabia o que a multidão responderia. Dialogava com ela, coisa que Hitler fazia em medida muito menor, pois estava muito mais longe, muito acima em relação à multidão. Era uma potência mais celeste. Stálin também nunca teve uma relação direta com seu povo; nós o víamos enquanto assistia à parada militar, ou na grande sacada do palácio de Estado, quase sempre em farda militar, junto de seus chefes. Stálin nunca fez um discurso para o povo. Não o vemos nunca de frente para os comunistas russos que o aplaudem. É sempre glacial. É realmente o chefe que vem do alto. Sempre o vi silencioso, muito diferente, nisso, de Mussolini ou Hitler. Os líderes do partido bolchevique eram grandes oradores; Stálin, ao contrário, não fazia discursos...

*VIROLI – Voltando ao nosso líder carismático, podemos concluir que ele tem as características do demagogo clássico mais que do profeta religioso, não obstante tenha se proclamado "o ungido do Senhor". Para ser reconhecido como profeta religioso, para convencer que seja inspirado por Deus, são necessárias a conduta impecável e a santidade da vida, como Savonarola. Acredito, espero, que Berlusconi não conseguirá convencer de que é dotado de espírito profético pela simples razão de que lhe falta justamente a santidade da vida. Parece-me mesmo que nos encontramos diante de um novo exemplar de demagogo oligárquico.*

BOBBIO – Se tivermos em mente a tipologia weberiana, Berlusconi entra na categoria do demagogo.

*VIROLI – Faz pensar em um outro grande demagogo, não oligárquico, mas popular, que se proclamou "o homem da providência", o homem de qualidades extraordinárias que chega a redimir um povo oprimido.*

BOBBIO – Um povo que caiu nas mãos dos comunistas.

*VIROLI – Berlusconi suscita entusiasmo, não é um simples angariador de votos.*

BOBBIO – Sem dúvida, suscita entusiasmo. Vê-se quando se apresenta aos seus seguidores, sobretudo nos teatros. O cerimonial, os gestos da mão, o sorriso com que se apresenta são de chefe carismático. Sabe rir até das tolices contrárias a ele. Tem uma segurança infinita. Pode sair de qualquer tipo de embaraço.

VIROLI – Esta de fazer rir e de rir com o povo é típico, mais uma vez, do demagogo e do adulador. [...] Se quiséssemos resumir as características do perigo Berlusconi, poderíamos dizer que estamos diante de um fenômeno político que sintetiza elementos quase nunca reunidos na mesma pessoa: a concentração dos meios de persuasão de massa; uma estrutura radicada no território; um movimento sustentado pela lealdade ao líder, visto como líder carismático.

BOBBIO – Trata-se, sem dúvida, de um fenômeno novo que marca um mal-estar profundo de nossa democracia.

\* \* \*

VIROLI – Tratamos dos males da República, detivemo-nos na crise dos partidos políticos; na proliferação dos partidos pessoais; no perigo do oligarca demagogo; no papel cada vez mais predominante do dinheiro e no perigo do poder oculto. Acho que seria bom discutir também os possíveis remédios. Como sabe, muitos pensam que a melhor cura para os males da República, em primeiro lugar, para a instabilidade dos governos, seja a reforma institucional. Alguns pensam até mesmo que seja necessária uma nova assembleia constituinte.

BOBBIO – Eu sempre fiz teoria política, mas nunca me ocupei de engenharia política. Se você me perguntasse: "É melhor uma República parlamentar ou uma República presidencialista, ou uma República semipresidencialista?", não saberia responder. Estou cheio de dúvidas. São problemas que debato dentro de mim sem ter as ideias claras. O mesmo vale para o sistema eleitoral. É melhor o sistema proporcional ou o uninominal? E ainda: é melhor o sistema bicameral ou o monocameral?

VIROLI – Sempre me impressionou seu silêncio sobre argumentos que todos debatem há anos com grande fervor. Parece que cada um tem a receita salvadora para os males da República.

BOBBIO – A única coisa que eu sempre disse é que tenho sérias dúvidas sobre se é oportuna uma reforma constitucional... Depois, imagine como seria hoje uma assembleia constituinte, com a classe dirigente modesta que temos. Para fazer uma assembleia constituinte são necessários grandes personagens, como na Constituinte de 1946... Os partidos que formavam a Constituinte vinham da experiência da Resistência. Mesmo o Partido Comunista, que foi a força principal da Resistência, desenvolveu um papel fundamental na Constituinte. O Partido Comunista votou uma Constituição liberal e democrática que inclui também direitos sociais sem pretender nada em troca do que era então sua ideologia. Isso para retomar o que você estava dizendo, ou seja, que mesmo os comunistas daquele momento vinham de uma experiência de luta comum contra o fascismo. O que os unia era o antifascismo. Digo isso para que você note que, hoje, com um Berlusconi que diz ser um dever moral lutar contra o comunismo, e por comunistas ele entende todos, exceto ele e seus aliados, não poderia haver uma assembleia constituinte.

*VIROLI – Hoje não existem mais ideais comuns para unir possíveis constituintes. Em uma situação desse tipo, uma nova Constituição seria impossível, a menos que existisse um demiurgo, um Legislador como aquele de que fala Rousseau em* O contrato social, *que nos dá a Constituição já pronta. Mas o Legislador de Rousseau é um mito.*

BOBBIO – O problema é que se passou do antifascismo ao anticomunismo. Se dependesse de Berlusconi, a nova Constituição seria uma Constituição anticomunista. Mas você sabe da menor força do anticomunismo de hoje em relação ao antifascismo de então. Porém, se você falar de antifascismo hoje parece que está dizendo coisas anacrônicas, que não têm mais nenhum sentido, nem valor, nem razão de ser. Passaram-se cinquenta anos; as pessoas esqueceram.

# O homem tirânico[1]

Berlusconi, no fundo, como o tirano clássico, considera que para ele é lícito o que os mortais comuns sonham. A característica do homem tirânico é acreditar que pode tudo. Não apenas, como já sublinhamos, proclamou-se o "ungido do Senhor"; justamente nestes dias revelou ter feito um milagre. Contou que foi encontrar um amigo doente e lhe disse "levante-se e caminhe". Berlusconi é um homem que tem uma autoestima imensa, um autêntico complexo de superioridade.

Ele se considera infinitamente superior aos outros seres humanos; tem, de si mesmo, a ideia de ser uma exceção. Caso contrário, como poderia ter a coragem de fazer todos aqueles *outdoors*? Deveriam ser contraproducentes e, em vez disso, para ele, evidentemente não é assim.

---

[1] Bobbio, N.; Viroli, M. *Dialogo intorno alla Repubblica*. Roma-Bari: Laterza, 2001.

# Posfácio
# Os desafios neoiluministas de Bobbio[1]

## O espírito do Iluminismo e a revolução democrática

No ensaio "Sur le sens du mot révolutionnaire", de junho de 1793, Condorcet conjuga, pela primeira vez, liberdade com revolução e revolução com progresso. Em seu pensamento, a revolução é uma *mudança* geral da sociedade e das instituições, mas também um *movimento* sustentado por uma direção política que, como tal, resulta crível enquanto persegue como fim a liberdade. De fato, lê-se: "A palavra 'revolucionário' se aplica apenas às revoluções que têm por objeto a liberdade".[2] Qual liberdade? Em

---

1 Este ensaio retoma e amplia uma comunicação feita no congresso sobre *I lumi e la Rivoluzione francese nel pensiero italiano del Novecento* [O Iluminismo e a Revolução Francesa no pensamento italiano do século XX], organizado pelo Departamento de História e de Italianística da Universidade de Grenoble e pelo Museu da Revolução Francesa. O congresso aconteceu nos dias 27 e 28 de setembro de 2007, no castelo de Vizille, em Grenoble, e as atas foram publicadas sob a organização de Gilles Bertrand e Enzo Neppi.
2 Condorcet, "Sur le sens du mot révolutionnaire". In: *Œuvres*, p.616.

primeiro lugar, a libertação de toda forma de poder despótico e de constrição injustificada. Em segundo lugar, a capacidade de exercício da cidadania política e de aperfeiçoamento das qualidades morais de cada pessoa. O progresso do espírito tem o caráter da irreversibilidade se for entendido como desenvolvimento da ciência e da técnica, mas é estruturalmente precário como aperfeiçoamento da espécie porque é condicionado em qualquer lugar pelo êxito de uma luta sempre aberta: a luta entre aqueles que possuem o poder (político, econômico e ideológico) e aqueles que estão excluídos dele. A alusão à França como "a única República em que a liberdade está fundada sobre uma plena igualdade de direitos" significa que, para Condorcet, a acepção positiva de revolução e de progresso está ligada ao conjunto das conquistas institucionais maturadas entre 1789 e 1792: a declaração dos direitos do homem e do cidadão; a proclamação da República; a eleição da Convenção.[3]

Antes de Hegel e de Marx, Condorcet sustenta a tese de que a história é progressiva e dotada de sentido. Como para Marx, também para Condorcet a revolução é um evento que antecipa o futuro; mas, contrariamente a Marx, é apenas um êxito *possível* da história e não sua conclusão *necessária*. Se os governos europeus começarão espontaneamente a reforma das ordens sociais e políticas, as rupturas totais tornar-se-ão supérfluas. Em outros termos: as revoluções são uma escolha extrema que os militantes da liberdade cumprem quando veem a estratégia pacífica da mudança impedida pelas autoridades constituídas. Para afirmar que uma medida violenta é positiva não basta, portanto, exaltar sua força perturbadora ou enfatizar a capacidade reativa do

---

3 Desenvolvi mais amplamente algumas reflexões sobre o pensamento político de Condorcet nos seguintes ensaios: "Dimensioni moderne del dispotismo: da Montesquieu a Condorcet", *Teoria politica*, p.57-72; "Poteri dispotici e tirannia in Condorcet". In: Donzelli; Pozzi (Orgs.), *Patologie della politica*, p.105-20. Mas sobre aspectos político-constitucionais do pensamento de Condorcet na época revolucionária, veja também a acurada reconstrução de Magrin, *Condorcet: un costituzionalismo democratico*.

inimigo. É necessário também "provar que é útil e que as circunstâncias a exigem e a justificam".[4] A enorme concentração de poder e a emissão contínua de medidas extraordinárias por parte dos novos organismos revolucionários da Convenção, saudadas por Robespierre como medidas exemplares do "despotismo da liberdade contra a tirania",[5] parecem a Condorcet, pelo contrário, uma versão atualizada da política da tirania contra a liberdade. O massacre de 2 de setembro será retrospectivamente definido como "a obra de ferocidade e de loucura" de "um punhado de facciosos" que, em nome da retórica da virtude, "mancharam" de maneira indelével a Revolução.[6]

Em julho de 1793, Condorcet proporá dois valores acima de todos: a igualdade na liberdade e o respeito constante da soberania popular, que se manifesta, em primeiro lugar, na "necessidade de fixar assembleias periódicas para mudar a Constituição" e na possibilidade de convocar outras para defender as liberdades fundamentais contra as ameaças das novas autoridades constituídas. Uma revolução é legítima, portanto, se for uma revolução não só *pela* liberdade, mas também *segundo as regras* da liberdade. A primeira regra segue a obrigação constitucional dos poderes do Estado de não interferir sobre as escolhas individuais e as formas de expressão da sociedade futura. "Adotamos também medidas revolucionárias", adverte Condorcet, "não para prolongar ou ensanguentar a revolução, mas para completá-la e apressar seu fim."[7]

Lembrei dessas reflexões do "último dos *philosophes*" porque há tempos estou convencido de que, em seu princípio inspirador, elas representam um preciso antecedente teórico do projeto

---

4 Condorcet, op. cit., p.618.
5 Robespierre, "Sur les principes de morale politique qui doivent guider la Convention Nationale dans l'administration intérieure de la République". In: *Œuvres*, p.357.
6 Condorcet, "Fragment de justification". In: *Œuvres*, p.603.
7 Id., "Sur le sens du mot révolutionnaire". In: *Œuvres*, p.618, 623.

acionista da "revolução democrática". Quero dizer que a ideia da revolução democrática maturada pelo Partido da Ação nos anos de clandestinidade não apresenta nem os traços de época delineados por Tocqueville (uma mudança de longa duração da ordem social em direção à igualdade de condições, irrestringível como uma potência telúrica e incontrolável nos efeitos políticos), nem a transitoriedade marcada por Lênin no verão de 1905 (o fluir rápido de uma república constitucional em direção ao porto seguro da ditadura proletária). Não muito diverso do Condorcet do final do século XVI, também para a mais jovem força do antifascismo italiano, a via revolucionária para a democracia está ligada a um valor fundador: a liberdade. As *Diretivas programáticas*, compiladas em junho de 1944 pela seção toscana do Partido da Ação, são inequívocas:

> A palavra "revolução" está acompanhada, na opinião vulgar, da ideia de violências, de imposições, de desordens, de não liberdade: mas "revolução" não é necessariamente isso e nunca foi apenas isso [...]; um partido que reconhece todas as forças tradicionais do país (monarquia, clero, Exército, burguesia) como decaídas ou falidas, e pretende substituí-las por outras [...] esse é certamente um partido "revolucionário", mesmo que contemporaneamente seu programa insista sobre a liberdade e sobre a legalidade. Para nós, a revolução se justifica e se faz necessária somente como *revolução de liberdade*, isto é, subversão das concepções político-sociais existentes para a instauração de uma sociedade mais livre e, portanto, mais justa.

Para esse objetivo, aparece certamente justificado o uso da força, mas deve estar claro "que a 'revolução', em sua acepção de 'violência', não pode ser mais do que transitória, não pode ser mais do que meio para a instauração de uma legalidade nova".[8]

---

8 *Diretivas programáticas*, Partido da Ação, Seção Toscana. *Quaderni dell'Italia Libera*, n.3, jun. 1944, p.1-2.

A ideia de liberdade do Partido da Ação é a elaborada pelo pensamento democrático moderno e revisitada no século XX por Salvemini e por Rosselli. Sensível ao "liberalismo de esquerda" de Mill e às teses do trabalhismo inglês, Salvemini fez-se porta-voz da ideia fascinante da *equal liberty*, conjugando as razões da autonomia dos indivíduos com as da justiça social na formação e na distribuição dos recursos. Rosselli, por sua vez, havia proposto uma liberdade entendida como direito à autonomia cognitiva, como participação consciente na política e como autogestão dos processos trabalhistas por parte dos sujeitos individuais e sociais. Coerente com essa tradição de pensamento, o Partido da Ação expressará a confiança na capacidade de escolha e de controle dos indivíduos "ativos", seja nos lugares da política ou nos lugares de trabalho; tanto no plano interno quanto nas relações entre os Estados. De fato, como "garantia dos livres ordenamentos do novo Estado" e de uma convivência pacífica em nível internacional, a direção do Partido da Ação promoverá, desde o início da guerra *partisan*, a solicitação de uma constituição republicana "descentrada e autônoma" e de um Estado federal europeu.[9] Já que a escolha da autodeterminação individual e coletiva era completamente incompatível com o sistema totalitário nazifascista, o Partido da Ação tornar-se-á promotor de uma "guerra revolucionária" contra o invasor alemão e seu aliado interno: guerra patriótica em um caso, guerra civil no outro. Das "três guerras" combatidas pela Resistência italiana,[10] a guerra de classes foi substancialmente estranha à estratégia da revolução democrática.

---

9 Il Partito d'Azione agli Italiani, *L'Italia Libera*, 22 nov. 1944, p.2.

10 Sobre o tema das "três guerras" que confluem na Resistência italiana, veja o grande afresco delineado por Claudio Pavone nos capítulos 4, 5 e 6 do volume *Una guerra civile: Saggio storico sulla moralità nella Resistenza*.

## Entre Rousseau e Cattaneo
## (ou seja: Bobbio acionista)

O motivo da autonomia, a crítica ao estatismo burocrático, a necessidade de uma iniciativa política vinda de baixo, a formação dos Estados europeus unidos serão retomados com vigor também pelo jovem Bobbio, que a partir da segunda metade dos anos 1930 já tinha amadurecido uma moralidade na acepção kantiana e uma ideia de sociedade em que as "pessoas" se percebam "como centros autônomos e conscientes de atos sociais".[11] Alguns ensaios seus escritos entre 1944 e 1946 contêm os primeiros elementos de uma teoria da democracia concebida, ao mesmo tempo, como educação dos cidadãos para a liberdade e como direito das massas populares a participar diretamente da construção do "Estado novo". Essas sugestões, feitas pela militância no interior do Partido da Ação, serão revistas, em seguida, à luz de um novo problema: o da relação entre política e cultura. Assim, na longa estação da Guerra Fria, Bobbio amadurecerá uma concepção do intelectual como promotor de diálogo entre as diversas visões do mundo, como consciência crítica de toda forma de exercício do poder e como mediador seletivo dos valores da esquerda, que são recuperados, substancialmente, na ideia iluminista e liberal dos direitos do homem e na igualação econômico-social dos desiguais, segundo a intuição central do pensamento socialista.[12]

---

11 Bobbio, *La persona e la società*, p.7. Tentei reconstruir de forma circunstanciada o pensamento juvenil de Bobbio no ensaio "La formation de la théorie démocratique chez Bobbio". In: *Archives de Philosophie*, p.3-31; esse ensaio, revisto e ampliado, está presente também no livro *L'utopia della libertà eguale: Il liberalismo sociale da Rosselli a Bobbio*, p.162-213.

12 Uma primeira sistematização da influência que a filosofia iluminista, em geral, e seu filão jusnaturalista, em particular, exerceram na reflexão de Bobbio é a recentemente oferecida por Ferrone, "Bobbio, l'illuminismo e l'età dei diritti", *Rivista Storica Italiana*, p.258-67.

Posfácio

Como foi dito, nos anos da luta armada, o inimigo principal a abater, pelo conjunto de combatentes, foi o totalitarismo nazifascista, à concepção do Estado do qual Bobbio dedica algumas páginas atentas, como também às teorias dos escritores políticos que o prepararam historicamente. O objetivo é o de desmistificar as duas representações modernas do *Estado-divindade* e do *Estado--máquina*, que cindiram a política da moral e a moral pública da moral privada. Ora, as duas encarnações modernas dessa dúplice fratura são individuadas na teoria do Estado ético e na concepção do Estado técnico, pontualmente reproposta entre as duas guerras mundiais pelos teóricos do fascismo e os do nacional-socialismo. À noção monocrática e monocêntrica do poder político, que chega ao ápice na *ère des tyrannies*, Bobbio contrapõe uma visão participativa da democracia, que afeta tanto a ideia fabiana da descentralização funcional da sociedade civil quanto a versão federalista da descentralização territorial do Estado.

As concepções do Estado-divindade e do Estado-máquina, antitéticas teoricamente, mas equivalentes no propósito de absolutizar o poder político, já estão presentes em alguns textos e temas que acompanham a formação do Estado moderno: dos manuais do século XVI do perfeito "condutor" do Estado, que predispõe friamente regras para confeccionar súditos fiéis, à dupla representação hobbesiana do soberano como sublime potência bíblica e como grande mecânico. Entre os séculos XVII e XVIII, a ideia do monarca como "general de Deus" é personalizada por Luís XIV e teorizada por Bodin; enquanto o Estado de Frederico II da Prússia torna a ser uma máquina potente da qual o rei déspota é o primeiro magistrado e servidor. No século XIX, enfim, a transfiguração metafísica do Estado moderno alcança a máxima consciência crítica no sistema de Hegel (que faz da vontade estatal, como se lê nos *Princípios da Filosofia do Direito*, "o ingresso de Deus no mundo"), enquanto a teoria marxiana do Estado como instrumento da classe dominante é uma retomada radical da ideia do Estado-máquina, "despido de qualquer atributo divino e considerado em sua realidade funesta".[13] A gênese teórica do totalitarismo contemporâneo, não apenas na forma nazifascista mas também na comunista, remonta portanto à dupla entificação do Estado moderno, metafísica em um caso, instrumental no outro.

A alternativa mais segura à divinização e à mecanização do Estado é a via democrática, preparada pelo contratualismo rousseauniano e colocada em prática pelos Estados constitucionais modernos. Todavia, após o nefasto parêntese dos regimes totalitários, um projeto democrático parece convincente para Bobbio apenas se souber desfazer, contemporaneamente, os equívocos não resolvidos do *Contrato social* e os limites de classe das experiências liberal-democráticas tradicionais. Negando que um povo possa alienar a própria liberdade e identificando soberania e povo por meio do conceito de vontade geral, Rousseau tinha se tornado o primeiro teórico da democracia moderna. Mas o Bobbio dos anos 1940 – que vê na contraposição despotismo-liberdade a antítese política fundamental e percebe todo o fascínio da lição federalista de Cattaneo – acusa o modelo democrático rousseauniano de ser abstrato e neoabsolutista, porque privilegia "uma soberania única indivisível, indestrutível, conforme às exigências e aos ideais do Estado unitário, centralizado".[14] Os homens realizam sua dimensão pública respeitando as leis que dão a si mesmos, mas a política não pode envolver toda forma expressiva do sujeito. Uma concepção totalizante do empenho público pode engendrar um radicalismo de efeitos perversos, que reduz drasticamente os limites entre democracia e ditadura.[15]

---

13 Bobbio, "Stato e democrazia", *Lo Stato moderno*, p.110-1.
14 Ibid., p.135.
15 "Na experiência política democrática", adverte Bobbio, "por causa da não esclarecida distinção entre o que é participável e o que não é, aflora continuamente o perigo de uma absorção total da pessoa no Estado, de uma extensão da participação no Estado, da atividade econômica à atividade

Posfácio

Bobbio está convencido, além disso, de que a democracia não é apenas um conjunto de regras e de procedimentos para eleger a classe política, como se acreditou predominantemente na Itália pós-unitária e nos primeiros dois decênios do século XX, mas também uma concepção participativa da política, que deve se disseminar nos lugares decisivos da sociedade civil. À democracia indireta, construída sobre a representação nacional e sobre a ordem do Estado centralizado e burocrático, e à integração corporativa do mundo do trabalho tentada pelo Estado fascista, Bobbio contrapõe a construção de um Estado a partir de baixo, o início de um duplo processo de *politização* da sociedade civil e de *articulação democrática* dos órgãos públicos e das representações operárias, segundo os esquemas de descentralização territorial e funcional próprios da tradição democrática e da fabiana. O pressuposto ético-político que sustenta esse projeto é o princípio do *self-government*, mesmo que temperado pelos procedimentos da representação: ideal-limite, mas considerado capaz de estimular as inteligências e as energias em uma fase de acelerada mudança econômico-social e de forte confiança, por parte dos setores mais avançados da esquerda italiana, na possível transformação dos comitês de liberação nacional em institutos de autogoverno popular.

Por trás da crítica bobbiana à estrutura monocrática e monocêntrica do Estado representativo moderno, afloram também dois aspectos cruciais da filosofia civil de Carlo Cattaneo: a tenaz oposição ao Estado burocrático-militar saído do *Risorgimento* e a aspiração a um "código de justiça única" para os povos europeus. No pensamento de Bobbio, Cattaneo representa um dos expoentes mais significativos da tradição iluminista e liberal-democrática europeia que, de Condorcet a Tocqueville, sempre acreditou nas boas razões da descentralização do Estado e do autogoverno

---

religiosa e espiritual, ou seja, de uma politização da vida interior: é o perigo permanente do totalitarismo" (Bobbio, *La persona e lo Stato*, p.12).

local. Intelectual iluminista da idade do historicismo e do positivismo, Cattaneo repropôs a liberdade e a ideia de progresso civil como superação do princípio de soberania nacional através da federação dos Estados europeus.[16] Sobre a interdependência desses dois problemas, o Bobbio acionista também insistirá sempre, antes de tudo em relação ao setor neojacobino do federalismo italiano que tinha parecido mais sensível à estratégia da superação do Estado nacional do que ao paralelo começo de um processo de democratização interna.[17]

A democracia conflitual e participativa teorizada por Bobbio é um modelo prescritivo, não um projeto institucional completo. Traça a direção de um processo, não suas modalidades explicativas. Por uma razão fundamental, mesmo se não exclusiva.

---

16 Os principais escritos de Bobbio sobre Cattaneo estão recolhidos no volume *Una filosofia militante: Studi su Carlo Cattaneo*.

17 No *Manifesto di Ventotene* (1941) – escrito por Altiero Spinelli e por Ernesto Rossi, no qual o federalismo, de simples programa doutrinal, torna-se, pela primeira vez, movimento político –, os males a expurgar são individuados no militarismo, no princípio da soberania absoluta e no Estado-nação, mas não na participação democrática insuficiente dos cidadãos dos Estados singulares. O objetivo primário a perseguir está indicado na federação dos países europeus. Em uma fase de luta sangrenta, aqueles que combateram pela democracia "se apresentam como pregadores encorajadores, quando são necessários chefes que guiem sabendo aonde chegar" e partidos que imponham uma forte "disciplina social às massas informes". Em substância, a linha de divisão entre progressistas e reacionários não passa mais entre aqueles que seguem ou então se opõem às palavras de ordem de caráter democrático e socialista, mas entre os que concebem como objetivo prioritário a conquista do poder político nacional e "os que verão como tarefa central a criação de um sólido Estado nacional" (Spinelli, *Il Manifesto di Ventotene*, p.45, 48, 56, 50). Sobre as diversas componentes presentes no interior do federalismo italiano na primeira metade dos anos de 1940, veja Bobbio, "Il federalismo nel dibattito politico e culturale della Resistenza". In: Pistone (Org.). *L'idea dell'unificazione europea dalla Prima alla Seconda Guerra Mondiale*, p.221-36. Uma sistematização das reflexões federalistas e europeístas de Bobbio é a feita por Polito, "Federalismo ed europeismo nell'opera di Norberto Bobbio". In: Pistone; Malandrino (Orgs.), *Europeismo e federalismo in Piemonte tra le due guerre mondiali*, p.153-73.

## Posfácio

O novo Estado democrático não é uma utopia desdobrada por um grupo de revolucionários profissionais nem uma simples coalizão de governo entre todas as "forças populares", mas sim o projeto *in fieri* de todos os "cidadãos ativos" que querem dar um sentido inédito à sua atividade política, enfrentando um confronto de longo período em nome da liberdade. A construção do novo edifício, em outros termos, é confiada não a funcionários de partido, mas ao conjunto da sociedade civil, a quem compete a tarefa de apresentar "novos rostos e novas energias na cena da história". Exceto que, concluída a Resistência, o organismo que teria podido traduzir operativamente esse projeto de democracia participativa, ou seja, o Partido da Ação, demonstrará uma substancial incapacidade de se afirmar como partido-movimento: forte política e militarmente no período da luta armada, defensor de um projeto de revolução democrática amplamente inovador, será, ao contrário, clamorosamente derrotado nas eleições administrativas de 1946 e se dissolverá em 1947.

A opinião de Bobbio sobre as razões da derrota, não desprovida de sabor autocrítico, aparecerá na revista *Il Ponte*, em 1951. O Partido da Ação foi extinto porque não soube construir uma base na massa, uma ideologia unitária e uma organização disciplinada. Nascido de um encontro entre intelectuais, sobreviveu no tempo como partido de intelectuais. Incapaz de se enraizar entre as massas populares, essencialmente atraído pelas forças tradicionais de esquerda e pelo partido dos católicos, manteve viva, todavia, a exigência de uma renovação ético-política, "que não se efetuará hoje nem mesmo amanhã, mas permanecerá um problema aberto, não arquivável", porque as lideranças políticas e os partidos podem mudar ou se extinguir, mas o valor simbólico de uma democracia animada por cidadãos que participam sobrevive no tempo.[18]

---

18 Bobbio, Resposta a uma "Inchiesta sul Partido d'Azione", *Il Ponte*, VII, n.8, ago. 1951, p.906-7.

Uma recente observação de Nadia Urbinati a respeito dos problemas reais da representação e sobre a crise de legitimidade da atual classe política é uma confirmação indireta desse perspicaz julgamento bobbiano:

> A representação não é apenas uma instituição que está "dentro" do Estado, mas também um processo político que opera "fora" do Estado e que representados e representantes constroem, ou deveriam construir, juntos. Os partidos servem a isso, sem os quais a eleição consistiria em escolher "indivíduos" simplesmente, os quais, uma vez no Parlamento, fariam de verdade apenas seus próprios interesses, tornando-se partidos de si mesmos.[19]

## O intelectual mediador e a crítica ao despotismo midiático

Concluída a experiência da Resistência, durante a qual os intelectuais-militantes, como elaboradores de ideias e programas difusos por meio de instrumentos de comunicação dos partidos, tinham oferecido uma contribuição importante ao renascimento político e cultural do país, tudo se tornou mais difícil e ambíguo. Gradativamente, recordará Bobbio,

> todos fomos um pouco, como homens de cultura que se voltam para os próprios problemas, uns desempregados. Agora que tínhamos aprendido a nadar, o mar tinha secado. Agora que estávamos muito preparados na teoria do empenho político, não tínhamos ou

---

19 Urbinati, "La crisi di legittimità e le 'buone' regole", *La Repubblica*, 9 ago. 2007, p.18. Sobre a gênese e as características teóricas da democracia representativa, veja também, da mesma autora, *Representative Democracy: Principles & Genealogy*.

não víamos um grupo, seita, partido pelo qual valesse a pena se empenhar.[20]

Silenciosamente, mas também de maneira metódica, as classes dominantes e os antigos funcionários estatais tinham começado a restaurar seu poder, enquanto as luzes da ribalta estavam, de novo, inteiramente voltadas para os políticos de profissão e para os grandes partidos que haviam precedido o advento do fascismo.

Desse novo e difícil contexto, típico de Turim, a cidade de Bobbio, partiu a proposta de renovar a abordagem da cultura na direção de um "novo Iluminismo". O Iluminismo italiano não foi resplandecente como o francês, nem filosoficamente criativo como o alemão, mas, em todas as suas expressões, tinha avançado com força uma ideia de razão comensurável aos fatos e finalizada para conseguir resultados socialmente úteis. Em um artigo de 1948, publicado na *Rivista di Filosofia*, Nicola Abbagnano, partindo do pressuposto de que não existia outro conhecimento possível além do científico, indicara três correntes do século XX que tinham tomado a via do racionalismo crítico: o neoempirismo americano, o positivismo lógico do Círculo de Viena e o existencialismo.[21] Contra a herança idealista e o espiritualismo católico que ressurgia, Abbagnano se referia à tradição liberal-democrática e desejava uma inversão de tendência: uma virada neoiluminista que, "colocada de lado a ilusão otimista do Iluminismo do século XVIII e o dogmatismo pesado do racionalismo do século XIX, via na razão aquilo que ela é: uma força humana direcionada a tornar o mundo mais humano".[22]

Imediatamente, e nos anos a seguir, o apelo antimetafísico de Abbagnano foi retomado por importantes estudiosos, como

---

20 Bobbio, "Cultura vecchia e politica nuova" (1955). In: *Politica e cultura*, p.168.
21 Abbagnano, "Verso il nuovo illuminismo: John Dewey", *Rivista di Filosofia*.
22 Ibid., p.325.

Bobbio e Ludovico Geymonat, Giulio Preti e Antonio Banfi, Eugenio Garin e Mario Dal Pra, Paolo Rossi e Renato Treves,[23] convencidos de que à Filosofia das Luzes se devesse uma contribuição decisiva à revelação racional não apenas dos *arcana Dei*, mas também dos *arcana naturae* e dos *arcana imperii*, portanto, a formação de uma identidade laica europeia que permanece no tempo. Especialistas em disciplinas há tempos esquecidas, como a lógica e a filosofia da ciência, a sociologia e a ciência política, a pedagogia e a filosofia do direito, eles pretendiam introduzir, também na Itália, uma metodologia rigorosa de análise da linguagem das ciências humanas e pesquisas empíricas para uma transformação gradual e permanente da sociedade. Em 1949, Uberto Scarpelli publicou *Esistenzialismo e marxismo* [Existencialismo e marxismo], na tentativa de conjugar, sobre o tema da justiça, a filosofia da existência com o pensamento de Marx; em 1953, saíram os *Saggi di filosofia neorazionalistica* [Ensaios de filosofia neorracionalista], de Ludovico Geymonat (uma "evocação" e, ao mesmo tempo, uma "correção", como foram logo definidos por Bobbio, da ideia iluminista de filosofia e ciência),[24] e, em 1957, *Praxis ed empirismo* [Práxis e empirismo], de Giulio Preti, na busca de uma conexão forte entre a nova orientação filosófica e a ideia democrática de que todos os valores repousam sobre estipulações.

Norberto Bobbio, em 1955, evidenciará, com grande clareza, as razões e os limites de sua adesão ao movimento neoiluminista:

> Nem românticos nem decadentes. Queremos ser iluministas. [...] Mas temos o direito de nos chamar iluministas no sentido

---

23 A reconstrução mais acurada do movimento neoiluminista que começou em Turim se encontra em um volume organizado por Pasini e Rolando, *Il Neoilluminismo italiano*, 1991. Recentemente, o tema foi retomado também por Viano, *Stagioni filosofiche*.

24 Bobbio, "Invito al nuovo illuminismo", *Notiziario Einaudi*, 10 out. 1953, p.2.

histórico da palavra? Por trás do velho iluminista havia, ao menos, três coisas: 1) fé na razão contra a ressurreição de velhos e novos mitos; 2) aspiração a empregar a ciência para fins de utilidade social contra o saber contemplativo e ociosamente edificante; 3) confiança no progresso indefinido da humanidade contra a aceitação de uma história que monotonamente se repete. De minha parte, acolho com prazer o primeiro e o segundo ponto. Mas estaria enganando vocês se dissesse que estou disposto a compartilhar do terceiro. À custa de usar uma fórmula que pode parecer paradoxal, sou um iluminista pessimista. Sou, caso se queira, um iluminista que aprendeu a lição de Hobbes e de De Maistre, de Maquiavel e de Marx.[25]

Na realidade, naquele momento havia também outros motivos que induziam Bobbio ao pessimismo. Não obstante o fervor das iniciativas individuais, as sérias divergências que emergiram dentro do grupo neoiluminista entre analíticos, dialéticos e historicistas impediram o nascimento de uma escola de pensamento unitária. O Iluminismo hipotetizado, escreveu-se de modo severo, "era um lugar bastante imaginário, substancialmente modelado sobre um Voltaire muito depurado, sem Rousseau e sem Hume, mas também sem Diderot, Helvetius e d'Holbach"; dissolveu-se no período de um decênio.[26] Na realidade, ao menos sobre um problema o variado grupo de estudiosos neoiluministas continuou a trabalhar vivamente: o da relação entre política e cultura, em uma direção que não foi de modo nenhum estranha nem ao Iluminismo francês nem ao alemão. As pesquisas mais convincentes, no curso dos anos, vieram justamente de Norberto Bobbio, além de Eugenio Garin. Em um ensaio retrospectivo de 1997, o filósofo de Turim referiu-se a três diferentes modelos de intelectuais (certamente não estranhos a outros

---

25 Bobbio, "Cultura vecchia e politica nuova". In: *Politica e cultura*, p.169.
26 Viano, *Stagioni filosofiche*, p.16.

pensadores e escritores europeus do século XX), nos quais, a cada vez, ele se reconheceu de fato: o intelectual *militante*, o intelectual *mediador*, o intelectual *crítico do poder*.[27]

1) A figura do intelectual *militante* foi elaborada por Bobbio durante a Resistência e no imediato pós-guerra. Ela é justificada nos *momentos de exceção*, quando os homens de cultura, "de animadores de ideias se tornam guias da renovação em curso".[28] Como se viu, muitos intelectuais, entre os quais Bobbio, mesmo rejeitando o modelo gramsciano do intelectual "orgânico" que ilumina a classe operária e seus aliados sociais dentro e por meio do partido, escolheram o terreno da luta aberta, para construir, com todos os cidadãos politicamente responsáveis, uma democracia a partir de baixo, fundada sobre a liberdade e sobre a justiça social.

2) A figura do intelectual *mediador* é teorizada nos anos da Guerra Fria. Na Itália do segundo pós-guerra, a política de unidade nacional foi substituída pela guerra de posição de dois blocos políticos que não tinham aceitado realmente o princípio da alternância de governo previsto pelo regime liberal-democrático. Quem, como Bobbio, nunca se reconhecera nos partidos tradicionais de esquerda e constatara a falência prática dos novos, tinha adiante uma alternativa precisa: ou se situar *au-dessus de la mêlée*, como tinham feito anteriormente alguns grandes intelectuais entre as duas guerras, a partir da Romain Rolland; ou tentar a via inédita da "política da cultura", dissolvendo a figura do intelectual militante na do intelectual mediador, que

---

27 Sobre esse aspecto do pensamento de Bobbio, já me detive em parte no ensaio "Quale cultura per quale politica?", *Iride*, XVIII, set.-dez. 2005, p.569-79.
28 Bobbio, "Intellettuali e vita politica in Italia". In: *Politica e cultura*, p.103.

reconcilia as diversas e fundadas razões da esquerda liberal-democrática com as da esquerda marxista. É essa última a via em que, não diferentemente do Thomas Mann dos anos 1950, defensor do *"rôle de médiateur appliquée a éviter une catástrofe sans nom"*,[29] entrará decididamente até a queda do Muro de Berlim. O intelectual mediador que Bobbio tem em mente não segue a figura tornada clássica por Aristóteles (o sábio que está em meio a dois extremos) nem a teorizada por Hegel (o filósofo que concilia os opostos em uma síntese completa, como tinha em mente Guido Calogero). Ao contrário, faz sua a indicação empirista do filão liberal que remonta a Mill e que tem como hipótese a *reconciliação pragmática dos valores*, partindo de três proposições: 1) "todos os valores e não só os políticos repousam sobre estipulações"; 2) tanto a ciência quanto a democracia são caracterizadas pelo "convencionalismo dos postulados" e, portanto, pela não "absolutização dos resultados";[30] 3) os valores fundamentais da democracia moderna são a liberdade e a igualdade, no sentido de que um regime democrático é "uma sociedade regulada de modo que os indivíduos que a compõem são mais livres e iguais que em qualquer outra forma de convivência".[31]

Esclareçamos melhor esse ponto frequentemente equivocado. Liberdade e igualdade, no pensamento de Bobbio, coexistem em nível ético e podem coexistir em nível institucional na medida em que sejam assumidas como bens indivisíveis e solidários da *pessoa*. Procurei, em outro lugar, esclarecer como as filosofias personalistas teorizadas na Europa dos anos 1930 e 1940, mesmo que fundamentadas de modo diferente, devem ser todas

---

29 Assim tinha escrito Thomas Mann na mensagem enviada em 10 de maio de 1953 à Sociedade Europeia de Cultura. A citação é retirada de Bobbio, "L'Europa della cultura" (1985). In: *Il dubbio e la scelta*, p.203.
30 Bobbio, "Empirismo e scienze sociali in Italia". In: *Atti del XXIV Congresso Nazionale di Filosofia*, p.19, 21.
31 Bobbio, *Eguaglianza e libertà*, p.XII.

interpretadas como um coerente projeto para inutilizar o dispositivo amigo/inimigo desencadeado pelas ideologias totalitárias, portanto, como um momento de reconstrução teórica da autonomia, do respeito e da responsabilidade de cada sujeito.[32] "Mantendo firme o ponto de que pessoa significa *indivíduo elevado a valor*", afirma Bobbio em 1944, "a via a seguir é a de encontrar o valor do indivíduo na historicidade de sua existência, que é existência com os outros, de chegar, portanto, a uma fundação não mais metafísico-teológica, mas histórico-social da pessoa."[33]

O sujeito individual, nessa acepção, deve ser tutelado seja em sua valência *universalista*, seja naquela *diferencialista*. De acordo com o princípio de universalidade, todos os homens e todas as mulheres devem ser tratados como iguais no gozo de suas liberdades fundamentais (de pensamento, imprensa, religião, associação, tutela da própria incolumidade, voto e eleição). O princípio de diferença postula, ao contrário, o reconhecimento ativo da diversidade entre os indivíduos ou entre os grupos de indivíduos por meio da remoção pontual das desigualdades e a proteção diversificada das diferenças. Existe uma atenção devida a cada um como ser humano (sujeito *igual* a todos os outros) e uma atenção devida a cada um como pessoa singular (sujeito *diverso* de todos os outros).

"Essa especificação das diferenças", confirmou Bobbio em *A era dos direitos*, "aconteceu seja em relação ao gênero, seja em relação às várias fases da vida, seja recordando a diferença entre estado normal e estados excepcionais na existência humana."[34] Teoricamente, os princípios de universalidade e de diferença estão sempre em tensão, mas institucionalmente devem poder coexistir, porque os dois são dignos de tutela. Em relação aos direitos civis e políticos, exige-se um Estado que garanta as

---

32 Sbarberi, *L'utopia della libertà eguale*.
33 Bobbio, *La filosofia del decadentismo*, p.119.
34 Id., *L'età dei diritti*, p.63.

liberdades de maneira igual; em relação aos direitos sociais, é preciso um Estado que promova e coordene as intervenções considerando as desigualdades e as diferenças individuais e de grupo. Voltemos ao Bobbio dos anos 1950. Caso se tenha em mente os ensaios de *Política e cultura*, percebe-se que a democracia é pensada como um trâmite institucional privilegiado para colocar em relação as exigências irreprimíveis do liberalismo (a liberdade como *ausência de interferência* sobre a atividade dos indivíduos) com as do socialismo (a liberdade como *poder*, ou seja, como efetiva possibilidade de usufruir dos bens fundamentais da vida graças a uma intervenção ativa do Estado). A autodeterminação política do pensamento democrático, nesse ínterim, pode se incrementar enquanto o sujeito não for impedido ou obrigado a agir e enquanto, contemporaneamente, forem garantidas pela mão pública as precondições econômico-sociais de uma vontade autônoma; portanto, também de uma *liberdade igual*.

Essa segunda passagem, que tende a *remover as desigualdades de poder*, permite executar o aspecto mais "radical" da ordem democrática e é exposto por Bobbio também nos anos 1990, quando o comunismo do Leste já tinha se dissolvido e as questões políticas mais exigentes podiam ser postas apenas aos Estados ocidentais. Seguimos o fio do raciocínio de Bobbio na versão mais antiga e na mais atual, em grande parte convergentes e reunidas também pela constante referência ao método empírico-analítico.

Para quem entende por liberdade um estado de não impedimento, introduzir maior liberdade significa *diminuir os vínculos*, então, a ordem em que a esfera de licitude seja a maior possível é ótima. Para quem, ao contrário, entende por liberdade o poder de agir, introduzir maior liberdade significa *aumentar as oportunidades*, então, a ordem em que as providências em favor dos cidadãos são maiores e mais amplas é ótima.[35]

---

35 Id., "Libertà e potere". In: *Politica e cultura*, p.234.

A opção de "diminuir os vínculos" é compatível com a de "aumentar as oportunidades"? A resposta de Bobbio em 1955 é positiva, porque, no primeiro caso, o Estado é obrigado a *tutelar* os direitos indisponíveis (não interferindo sobre a atividade dos indivíduos), enquanto no segundo é obrigado a *promover* expectativas legítimas (legislando em matéria social). A instâncias diversas, respostas públicas diversas.

Quanto à relação entre liberdade e poder, esta é esclarecida nos termos a seguir, na metade dos anos 1990:

> Se, na relação entre dois sujeitos, poder e liberdade são um a negação do outro [porque se um só dos dois sujeitos detém o poder, o outro só pode obedecer], no mesmo sujeito, poder e liberdade, e – correspondentemente – não liberdade e não poder, coincidem. Quem adquire liberdade, adquire também poder. Quem perde poder, perde também liberdade.[36]

Nesse modo de argumentar, a causa maior da ausência de liberdade consiste nas *desigualdades de poder*. São as desigualdades de poder, de fato, que colocam em crise o processo participativo e o diálogo paritário da democracia por meio de três discriminações fundamentais: entre eruditos e ignorantes; entre ricos e pobres; entre poderosos e fracos. É a conclusão a que Robert Dahl também chegou recentemente: nas economias de mercado contemporâneas, as desigualdades entre os cidadãos "não se referem simplesmente à renda e nível de bem-estar, mas também, direta e indiretamente, a grau de informação, *status*, instrução, possibilidade de acesso às *elites* políticas".[37]

Bobbio permaneceu sempre fiel ao *ethos* da igualdade como estrela polar da esquerda. Foi seu modo de ler a história "do ponto de vista dos oprimidos", assumindo e ao mesmo tempo

---

36 Id., "Democrazia". In: D'Orsi (Org.), *Alla ricerca della politica*, p.4.
37 Dahl, "Inventare soluzioni è la sfida di oggi", *Reset*, jan.-fev. 2005, p.33.

enfraquecendo a lição revolucionária de Marx no quadro de uma perspectiva socialmente avançada da ordem liberal-democrática.

Quanto à aproximação direta entre liberdade e igualdade *sub specie libertatis*, isso é típico da tradição democrática, colocando a liberdade como limite e, ao mesmo tempo, como complemento necessário da igualdade. De uma igualdade concebida como dignidade paritária dos homens (tornada possível por uma redistribuição permanente das rendas por parte da mão pública) e de uma liberdade entendida como exercício compartilhado da cidadania civil e política.

3) A terceira figura de intelectual vivida por Bobbio é o intelectual *crítico do poder*, de todos os poderes, mas em particular do poder político, estruturalmente malvisto pela cultura iluminista mais rigorosa pela irrefreável sede de comando de quem, a cada vez, governa. São os *philosophes* do século XVIII que concebem primeiro, na modernidade, a razão não como território de verdades codificadas, mas como disposição permanente à análise crítica dos problemas. No *Essai sur la société des gens de lettres et des grands*, D'Alembert recordava que a liberdade contra o poder é a condição essencial para o exercício da atividade intelectual, a qual consiste em pesquisar e transmitir uma verdade *in fieri*. Condorcet tinha sido ainda mais drástico: a verdade, em qualquer contexto histórico, "é, ao mesmo tempo, inimiga do poder e daqueles que o exercem". Mas a lição geral da Filosofia das Luzes será dada por Kant, em célebres páginas: a verdadeira menoridade do homem "é a incapacidade de servir-se do próprio intelecto sem a guia de um outro", enquanto por Iluminismo deve se entender fazer livre uso, como estudioso, da própria razão "em todos os tempos", "em todos os campos" e "diante do público inteiro de leitores".[38]

---

38 Kant, "Risposta alla domanda: che cos'è l'illuminismo?". In: *Scritti politici e di filosofia della storia e del diritto*, p.141, 143.

Essa carta dos direitos e dos deveres do intelectual iluminista, que vê no próprio centro – quase como se fosse uma versão moderna do convite dantesco a *seguir virtute e conoscenza* – a busca da verdade pelo confronto de ideias, a defesa e a promoção da liberdade, a luta permanente contra os abusos do poder político, foi proposta na Itália, no correr do século XIX, sobretudo por Carlo Cattaneo, defensor coerente, contra os acadêmicos, do papel militante da filosofia. Mas da metade do século XX em diante, aquele que foi referência com maior rigor à mensagem de liberação da Filosofia das Luzes e ao saber experimental de Cattaneo foi Norberto Bobbio, cujo perfil ético e intelectual encontra expressão completa primeiro em *Política e cultura*, depois nos ensaios recolhidos em *A era dos direitos*, em *Eguaglianza e libertà* [Igualdade e liberdade] e no volume *Os intelectuais e o poder*; além dos editoriais publicados no *La Stampa* de Turim nos últimos dois decênios do século passado.

O intelectual crítico do poder se distingue do intelectual mediador porque, nos casos de degeneração oligárquica e neopatrimonial da política no interior das democracias, expressa uma divergência radical contra a classe no governo, de qualquer parte que esta provenha e independentemente dos interesses que declare representar; mas se diferencia também da figura do intelectual militante porque, mesmo tendo sólidas convicções ideais e políticas, não se reconhece plenamente em nenhum dos partidos existentes. É obrigatório acrescentar que, além dos diversos contextos em que são chamados a operar, seja o intelectual militante, seja o intelectual mediador, seja o intelectual que contesta o poder, compartilham, na reflexão de Bobbio, de uma abordagem ética da política, ou seja, afirmam uma "política da cultura" que exige a defesa da liberdade e a busca da verdade em relação a qualquer cultura de partido.

Os casos de degeneração oligárquica e neopatrimonial da política a que fiz referência anteriormente evocam uma figura moderna de poder: a do déspota. Domínio "sem lei e sem regra", fundado sobre o medo e sobre a escravização dos súditos, o despotismo é concebido por Montesquieu como a perda do ponto de equilíbrio, seja das monarquias, seja das repúblicas, portanto, como a tendência permanente a corromper as formas de governo legítimas. Por um lado, de fato, é o respeito insuficiente das prerrogativas dos corpos intermediários e da autonomia administrativa das cidades que transforma o regime monárquico em "despotismo de um só"; por outro lado, é a carência ou o excesso de igualdade em que podem incorrer as repúblicas que leva estas últimas ao "despotismo de todos", o qual prenuncia, por sua vez, o despotismo de só um.[39] Corrompido "por sua natureza", o regime despótico tende a corromper capilarmente também o mundo externo, utilizando cada aliado possível. Um regime construído sobre a obediência e sobre a distinção universal dos súditos exige, de fato, indivíduos incultos, leis vagas, funcionários do governo com vastos poderes discricionários, juízes escravizados e um notável reforço do poder eclesiástico, porque a religião, em tal contexto, "é um medo adicionado ao medo".[40]

Eis por que, às vésperas de 1789, Condorcet afirma que o poder despótico não é nunca exercido por uma única pessoa, mas por um *sujeito ao plural*. O comando de um homem só "é apenas uma abstração (*un être de raison*)". Em todos os países em que se acreditou (*imaginé*) que vigorasse o comando de um só patrão, foi necessário constatar depois a presença de "uma classe de homens ou de mais corpos que dividiram com ele o poder".[41] Condorcet intuiu, em suma, que a sociedade moderna é um organismo complexo e ramificado, e que pode ser governada despoticamente seja em forma direta ou indireta, porque

---

39 Montesquieu, *Lo spirito delle leggi*, p.267-8.
40 Ibid., p.208.
41 Condorcet, "Idées sur le despotisme, à l'usage de ceux qui prononcent le mot sens'entendre". In: *Œuvres*, p.147.

tanto as forças tradicionais (a aristocracia, o clero e o exército) quanto os grupos fortes de uma economia de mercado (como os industriais, os banqueiros e os homens da finança) exigem um Executivo forte e tendem, de qualquer modo, a condicioná-lo do exterior.

Uma última consideração. O mundo contemporâneo deu origem a cenários inéditos, mas o velho e o novo frequentemente continuaram a coexistir. Se levarmos a sério a intuição de Hannah Arendt, recentemente retomada por um historiador italiano, de que a "mentalidade totalitária" precedeu, no tempo, a formação dos "regimes totalitários", pode-se, racionalmente, colocar como hipótese que tal mentalidade (junto dos poderes despóticos) também tenha sobrevivido à derrota daqueles regimes por meio da "persistência" – como diria Arno J. Mayer – de três fenômenos já aflorados no final do século XVIII e consolidados durante o século XIX: 1) o propósito de desestruturar a autonomia do indivíduo construída pelo Iluminismo; 2) a atribuição do poder político a um chefe supremo que, com um grupo de adeptos, decide por todos; 3) a instauração de uma "ordem social fortemente controlada, caracterizada pela agressividade e carregada de vitimização persecutória".[42]

As formas de governo despóticas que se sucederam no curso do tempo foram analisadas por Bobbio várias vezes e com grande atenção.[43] Sua característica constante foi a de tornar vã a liberdade civil e política do indivíduo, independentemente das palavras de ordem exibidas. Limito-me, neste espaço, a recordar dois

---

42 Bidussa, *La mentalità totalitaria*, p.25. O tema das "persistências das velhas formas e ideias" dos sistemas do *Ancien Régime* na Europa, da primeira parte do século XX, está no centro, como se sabe, do livro de Mayer, *Il potere dell'Ancien Régime fino alla Prima Guerra Mondiale*.
43 Veja, em particular, as aulas dadas por Bobbio no ano acadêmico 1975-1976 e recolhidas no volume *La teoria delle forme di governo nella storia del pensiero politico*, e as menções textuais ao conceito de despotismo contidas nos ensaios citados no índice analítico de sua *Teoria generale della politica*, p.653-4.

únicos momentos da reflexão bobbiana, ligados à anomalia política mais recente do caso italiano.

O nascimento e a proliferação dos partidos pessoais nos fazem tocar com as mãos uma das promessas não mantidas da democracia, ou seja: a promessa de que os cidadãos, uma vez admitidos a participar da vida pública, seriam mais conscientes, mais sábios, mais responsáveis, menos vulneráveis às lisonjas dos demagogos, em suma, melhores, seja do ponto de vista intelectual, seja do ponto de vista moral. Após cinquenta anos de vida democrática, devemos, com relutância, constatar que houve não um progresso cívico e moral, mas um declínio. Tal declínio é ligado também, afirmo, ao fim dos velhos partidos. Com todos os seus defeitos, os velhos partidos estimulavam um grande número de homens e de mulheres a sair de casa e a tomar parte nas reuniões. [...] Faltando esse tipo de escola, estamos diante de uma situação, em minha opinião, muito perigosa, enquanto temos o demagogo oligárquico e a praça vazia.[44]

A novidade política temida (o advento do *demagogo oligárquico* que controla de cima vastos setores da informação pública e privada) já tinha sido evidenciada por Bobbio em 1994, no jornal de Turim *La Stampa*.

O liberalismo sempre se caracterizou como "arte" da separação dos poderes, em particular, como distinção e separação entre poder político, econômico e cultural. Ao contrário: a tendência à unificação do poder político com o poder econômico e com o poder cultural por meio do potentíssimo instrumento da televisão, [...] como a que se entrevê no movimento da Força Itália [...] tem um

---

44 Bobbio; Viroli, *Dialogo intorno alla Repubblica*, p.91.

nome bem conhecido na teoria política. Chama-se, como a chamava Montesquieu, despotismo.[45]

Essa forma de regime não foi evocada sem razão. O que de fato se está discutindo há mais de dez anos na Itália não é só o problema da incompatibilidade, no interior das democracias, entre livre mercado e acumulação monopolista dos meios de informação, mas também a insanável contradição entre a posse desses instrumentos, decisivos para a organização do consenso, e o exercício de uma atividade, como a política, que pode se servir disso de maneira indiscriminada para manipular a opinião pública. Além disso, consciente da progressiva mudança antropológica do espectador televisivo em dócil consumidor, Bobbio manifestou, várias vezes, fortes dúvidas também sobre a capacidade reativa da opinião pública italiana contra uma gestão oligárquico-política dos meios de comunicação de massa. Ser furtivamente informados, de fato, não significa ser cidadãos educados. Assim, parafraseando uma célebre definição gobettiana do fascismo, ele acabou por se perguntar, desconsoladamente, "se o berlusconismo não era uma espécie de autobiografia da nação, da Itália de hoje".[46]

Na base dessas anotações, o problema que hoje valeria a pena retomar é se a gestão oligárquico-política dos meios de comunicação de massa seria um fenômeno exclusivamente italiano ou expressa, ao contrário, uma tendência internacional em direção às formas despóticas de controle da opinião pública, que se manifestam de maneira impressionante na iminência das eleições ou nos momentos de crise aguda da política externa dos Estados.[47] Falo de despotismo e não de simples populismo para

---

45 Bobbio, "Separatismo liberal", publicado na p.13 deste volume.
46 Id., "Aquela Itália modelo Berlusconi", publicado também no presente volume, p.17.
47 Sobre essa delicada questão, veja: Johnson, *No place for Amateur*; Marzo, *Le voci del padrone*; Bosetti, *Spin*.

que formas significativas e entrelaçadas de domínio de poderes públicos e privados pareçam indicativas de uma concepção neopatrimonial do Estado, em que o governo, por meio do chefe e de sua maioria parlamentar, reintroduziu a prática comprovada de uma legislação *sibi et suis*. Recentemente, Ralf Dahrendorf definiu "intelectuais públicos" aqueles "que veem como um imperativo de sua profissão o tomar parte nos discursos públicos dominantes no tempo em que vivem", colocando em discussão e reelaborando continuamente as convicções mais indiscutíveis.[48] Assim, pela coerente resistência oposta, nos anos da Guerra Fria, às "teologias políticas" da esquerda stalinista e da direita clerical e, a partir dos anos 1990, à política plebiscitária e neopatrimonial predominante na Itália, Bobbio pode ser definido, legitimamente, como um dos mais sutis intelectuais públicos de nosso tempo. Portanto, um autêntico neoiluminista, mesmo que seja propenso a um pessimismo realista sobre as capacidades autoemancipadoras do *demos*. "O único verdadeiro progresso que consigo ver neste século", esclareceu em uma entrevista de 1999, "o reconhecimento generalizado dos direitos do homem, refere-se aos *direitos dos indivíduos*, não como parte desta ou daquela comunidade, mas como cidadãos deste ou daquele Estado"; e, quando estiverem ausentes garantias jurídicas internas, como cidadãos do mundo que exigem "direitos que valham universalmente, *mesmo contra o Estado*".[49]

Franco Sbarberi

---

48 Dahrendorf, *Erasmiani*, p.14-5.
49 Kallscheur; Bobbio. "Quel che resta del Novecento", entrevista concedida a *Die Zeit* e publicada em *La Stampa*, em 30 dez. 1999; grifos do autor.

## Referências bibliográficas

ABBAGNANO, N. Verso il nuovo illuminismo: John Dewey. *Rivista di Filosofia*, XXXIX, n.4, p.313-25, out.-dez. 1948.

ANDERSEN, P. Norberto Bobbio e il socialismo liberale. In: BOSETTI, G. (Org.). *Socialismo liberale*. Il dialogo con Norberto Bobbio oggi. Roma: L'Unità, 1989.

BACCELLI, L. (Org.). Norberto Bobbio. I diritti, la politica, gli intellettuali. *Iride*, XVIII, n.46, p.541-94, dez. 2005.

BIDUSSA. D. *La mentalità totalitaria*: storia e antropologia. Brescia: Morcelliana, 2001.

BOBBIO, N. Democrazia. In: D'ORSI, A. (Org.). *Alla ricerca della politica*: voci per un dicionario. Torino: Bollati Boringhiei, 1995.

_____. *Eguaglianza e libertà*. Torino: Einaudi, 1995.

_____. Empirismo e scienze sociali in Italia. CONGRESSO NAZIONALE DI FILOSOFIA, 24, 28 abr.-2 maio 1973, L'Aquila, *Atti del...* v.I: Relazioni introduttive. Roma: Società Filosofica Italiana, 1973.

_____. *Il dubbio e la scelta*. Intellettuali e potere nella società contemporanea. Roma: La Nuova Italia Scientifica, 1993. [Ed. bras.: *Os intelectuais e o poder*: dúvidas e opções dos homens de cultura na sociedade contemporânea. São Paulo: Ed. Unesp, 1997.]

_____. *Il futuro della democrazia*: una difesa delle regole del gioco. Torino: Einaudi, 1983. [Ed. bras.: *O futuro da democracia*: uma defesa das regras do jogo. 12.ed. São Paulo: Paz e Terra, 2011.]

_____. *L'età dei diritti*. Torino: Einaudi, 1990. [Ed. bras.: *A era dos direitos*. Rio de Janeiro: Elsevier, 2004.]

_____. L'Europa della cultura. In: _____. *Il dubbio e la scelta*: intellettuali e potere nella società contemporanea. Roma: La Nuova Italia Scientifica, 1993.

_____. *L'utopia capovolta*. Torino: La Stampa, 1990.

_____. *La filosofia del decadentismo*. Torino: Chiantore, 1944.

_____. *La persona e la società*. Napoli: Jovene, 1938.

_____. *La persona e lo Stato*. Padova: Sucessori Pedana Stampatori, 1948.

_____. *La teoria delle forme di governo nella storia del pensiero politico*. Torino: Giappichelli, 1976.

BOBBIO, N. *Política e cultura*. Org. F. Sbarberi. Torino: Einaudi, 2005. [Ed. bras.: *Política e cultura*. São Paulo: Ed. Unesp, 2015.]

_____. *Quale socialismo?* Discussione di un'alternativa. Torino: Einaudi, 1976.

_____. Stato e democrazia. *Lo Stato moderno*, p.110-1, 20 jul. 1945.

_____. *Teoria generale della politica*. Org. M. Bovero. Torino: Einaudi, 1999. [Ed. bras.: *Teoria geral da política*. Rio de Janeiro: Elsevier, 2000.]

_____. *Una filosofia militante*: studi su Carlo Cattaneo. Torino: Einaudi, 1971.

_____. *Verso la Seconda Repubblica*. Torino: La Stampa, 1997.

_____; VIROLLI, M. *Dialogo intorno alla Repubblica*. Roma-Bari: Laterza, 2001.

BONANATE, L.; BOVERO, M. (Orgs.). *Per una teoria generale della politica*. Scritti per Norberto Bobbio. Firenze: Passigli, 1986.

BOSETTI, G. (Org.). Il pensiero di Norberto Bobbio. *Reset*, n.74, nov.-dez. 2002.

_____. *Spin*. Trucchi e tele-imbrogli della politica. Venezia: Marsilio, 2007.

COLLAS, W. VON. *Norberto Bobbio und das Erbe Benedetto Croce*. Politik und Kultur, Liberalismus, Demokratie. Neuried: Ars Una, 2000.

CONDORCET. *Œuvres*. v.XII. Paris: Firmin Didot, 1847-49.

DAHL, R. Inventare soluzioni è la sfida di oggi. *Reset*, jan.-fev. 2005.

DAHRENDORF, R. *Erasmiani*. Gli intellettuali alla prova del totalitarismo. Roma-Bari: Laterza, 2007.

DONZELLI, M.; POZZI, R. *Patologie della politica*. Crisi e critica della democracia tra Otto e Novecento. Roma: Donzelli, 2003.

FERRONE, V. Bobbio, l'illuminismo e l'età dei diritti. *Rivista storica italiana*, fasc.II, p.258-67, abr. 2006.

GARIN, E. *Intellettuali italiani del XX secolo*. Roma: Editori Riuniti, 1987.

_____. *Intervista sull'intellettuale*. Org. A. Ajello. Roma-Bari: Laterza, 1997.

GIANNETTI, R. *Tra liberaldemocrazia e socialismo*: saggi sul pensiero politico di Norberto Bobbio. Pisa: Edizioniplus, 2006.

GRECO, T. *Un itinerario intellettuale tra filosofia e politica*. Roma: Donzelli, 2000.

JOHNSON, D. *No Place for Amateur*: how Political Consultants are Reshaping American Democracy. New York: Routledge, 2001.

KANT, I. Risposta alla domanda: che cos'è l'illuminismo? In: BOBBIO, N.; FIRPO, L.; MATHIEU, V. (Orgs.). *Scritti politici e di filosofia della storia e del diritto*. Torino: Utet, 1978.

LANFRANCHI, E. *Un filosofo militante*. Politica e cultura nel pensiero di Norberto Bobbio. Torino: Bollati Boringhieri, 1989.

MAGRIN, G. *Condorcet*: un costituzionalismo democratico. Milano: Franco Angeli, 2001.

MARZO, E. *Le voci del padrone*: saggio di liberalismo applicato alla servitù dei media. Bari: Dedalo, 2006.

MAYER, A. J. *Il potere dell'Ancien Régime fino alla Prima Guerra Mondiale*. Roma-Bari: Laterza, 1999.

MEAGLIA, P. *Bobbio e la democrazia*. Le regole del gioco. Fiesole: ECP, 1984.

MONTESQUIEU. *Lo spirito delle leggi*. v.VIII. t.2. Milano: Rizzoli, 1989.

PASINI, M.; ROLANDO, D. *Il neoilluminismo italiano*: cronache di filosofia (1953-1962). Milano: Saggiatore, 1991.

PAVONE, C. *Una guerra civile*: saggio storico sulla moralità nella Resistenza. Torino: Bollati Boringhieri, 1991.

PISTONE, S. (Org.). *L'idea dell'unificazione europea dalla Prima alla Seconda Guerra Mondiale*. Torino: Fundação Luigi Eunaudi, 1975.

_____; MALANDRINO, C. (Orgs.). *Europeismo e federalismo in Piemonte tra le due guerre mondiali*: la resistenza e i trattati di Roma (1957). Firenze: Olschki, 1999.

POLITO, P. Federalismo ed europeismo nell'opera di Norberto Bobbio. In: PISTONE, S.; MALANDRINO, C. (Orgs.). *Europeismo e federalismo in Piemonte tra le due guerre mondiali*: la resistenza e i trattati di Roma (1957). Firenze: Olschki, 1999.

REVELLI, M. (Org.). *Lezioni Bobbio*: sette interventi su etica e politica. Torino: Einaudi, 2006.

ROBESPIERRE, M. *Œuvres*. v.X: Discours. Org. M. Bouloiseau e A. Soboul. Paris: Puf, 1967.

ROSSI, P. (Org.). *Norberto Bobbio tra diritto e politica*. Roma-Bari: Laterza, 2005.

SBARBERI, F. *L'utopia della libertà eguale*: il liberalismo sociale da Rosselli a Bobbio. Torino: Bollati Boringhieri, 1999.

_____. Quale cultura per quale politica? *Iride*, XVIII, p.569-79, set.--dez. 2005.

SPINELLI, A. *Il Manifesto di Ventotene*. Bologna: Il Mulino, 1991.

URBINATI, N. *Representative Democracy*: Principles & Genealogy. Chicago: University of Chicago Press, 2006.

VIANO, C. A. *Stagione filosofiche*: la filosofia del Novecento fra Torino e l'Italia. Bologna: Il Mulino, 2007.

# Posfácio à edição brasileira
# Demagogia antiga e moderna

1. Demagogia antiga. O tema da δημαγωγία [demagogia] – termo que quer dizer literalmente "conduzir o povo" – surgiu na Grécia Antiga para descrever uma prática política que se disseminou na democracia ateniense, na passagem do século V a.C. para o século IV a.c., período em que ocorreu uma grande popularização da política, tanto entre os cidadãos quanto entre a classe política, especialmente em função das inúmeras guerras por que passaram as cidades gregas, em especial as Guerras Médicas (490-448 a.c.), entre os gregos e os persas, e a Guerra do Peloponeso[1] (431-404 a.c.), entre os próprios gregos. Nesse período, as reuniões da ἀγορά [ágora] ateniense, que costumavam ter cerca de mil cidadãos presentes, passaram a ter cerca de 5 mil a 6 mil cidadãos por seção, incrementadas sobretudo pela maior participação dos camponeses, novidade política considerável que mudou não apenas quantitativamente, mas também qualitativamente a natureza das deliberações assembleares, que passaram a ser consideradas então muitas vezes como irracionais.

---
1 Cf. Kagan, *A Guerra do Peloponeso*.

O historiador M. I. Finley descreve essa transformação:

> Todavia pode-se estabelecer um fato importante, a saber, que cada reunião da assembleia tinha uma composição diferente. Não havia membros da assembleia como tais – apenas membros de uma determinada assembleia em determinado dia. Talvez as mudanças não fossem significativas de reunião para reunião em tempos de calma, de paz, quando não se debatia nenhuma questão de importância vital. [...] E os tempos frequentemente não eram nem de paz nem de normalidade. Nos últimos dez anos da Guerra do Peloponeso, para se tomar um exemplo extremo, toda a população rural foi compelida a abandonar o campo e viver dentro dos limites dos muros da cidade. É óbvio que durante tal período havia uma proporção maior de camponeses nas reuniões do que habitualmente.[2]

Outra historiadora, Claude Mossé, distingue as assembleias corriqueiras daquelas em que se discutiam temas como a guerra e a paz:

> Apenas uma fração do corpo cívico assistia efetivamente às sessões, e a necessidade de reunir 6 mil votantes aquando das assembleias que tinham de tomar decisões importantes diz-nos suficientemente que esse número quase nunca era atingido. Na realidade, à parte uma minoria de pessoas diretamente interessadas nos assuntos da cidade, a maior parte dos atenienses, e sobretudo as pessoas do campo, preferia dedicar-se às suas ocupações cotidianas do que passar um dia na Pnix.[3]

Entre a classe política, houve uma substituição da classe aristocrática por uma classe de origem popular, embora rica, que substituíra grandemente os métodos oratórios elevados do

---

2 Finley, *Democracia antiga e moderna*, p.68.
3 Mossé, *Instituições gregas*, p.50.

passado por métodos oratórios mais teatrais[4] e ruinosos, passando a suscitar uma confusão entre ambos os métodos, e, ao fim e ao cabo, uma confusão entre ambas as classes políticas, constituindo uma degeneração geral da democracia antiga. A mesma historiadora descreve o surgimento dessa nova classe política nos seguintes termos:

> Homens novos, saídos de meios, se não mais modestos, pelo menos diferentes pela origem de sua fortuna, tinham surgido à frente da cena política. [...] Tornam-se eles próprios verdadeiros "políticos", hábeis na arte da palavra, que lhes permite conquistar as graças das multidões, de manobrar a assembleia à sua vontade. Clãs, verdadeiras facções, constituem-se por detrás de tal ou tal homem político, tal ou tal orador ou financeiro hábil, ou tal ou tal estratego.[5]

Para entender a figura clássica do demagogo, seguindo os escassos traços que dela temos notícia, é preciso, portanto, entender seu contexto mais geral, que consiste no período de popularização e degeneração da democracia antiga, durante o qual as principais instituições democráticas atenienses,[6] criadas principalmente por Sólon (638-558 a.C.) – que incluíam a Εκκλησία [assembleia],[7] composta por todos os cidadãos habilitados, a Συμβουλή [conselho], composta primeiramente pelo sorteio de quatrocentos cidadãos, e a Ἡλιαία [tribunal supremo], composta pelo sorteio de 6 mil cidadãos –, foram reformadas especialmente por Clístenes (565-492 a.C.). As reformas de Clístenes, que se mostraram bastante profundas para a época, incluíram a divisão dos cidadãos não mais pelo princípio aristocrático do

---

4 Sobre a ideia de "teatrocracia" (que Platão utilizará expressamente para criticar tal comportamento), cf. Balandier, *O poder em cena*.
5 Mossé, op.cit., p.15-81.
6 Ibid.
7 Cf. Starr, *O nascimento da democracia ateniense*.

gene, mas pelo princípio democrático do domicílio, aumentando de quatro para dez o número de tribos atenienses, com grande efeito militar, a instituição do princípio da isotopia, pelo qual todos os cidadãos, independentemente de sua renda, passavam a poder ocupar cargos públicos, o aumento do número de membros da Συμβουλή [conselho] para quinhentos cidadãos, e a instituição do ostracismo, por meio do qual todo cidadão suspeito de atentar contra a segurança pública era exilado pelo prazo de dez anos.

Todavia, não se pode esquecer que também a democracia antiga deixou raros relatos de seu período áureo, no século V a.C., sendo a maior parte das descrições existentes não apenas pertencentes ao seu período de degeneração, no século seguinte, quando se disseminara justamente a demagogia, mas também devida sobretudo a escritores aristocratas e, enquanto tais, antidemocráticos, como Isócrates – que aconselhará em seu *Discurso areopagítico* (354 a.C.) a volta à πατρῷος δημοκρατία [democracia dos ancestrais] –, Aristófanes, Xenofonte, Platão e Aristóteles. Uma grande exceção será o sofista Protágoras, que, segundo o historiador Pierre Vidal-Naquet,

> explica a Sócrates [num diálogo platônico] por que razão, em Atenas, todos têm o direito de dar sua opinião sobre política, e vai bastante longe na justificação da democracia, a ponto de não incluir apenas os cidadãos, mas sim todos os homens, sem excluir nem mesmo as mulheres.[8]

O mesmo historiador escreveria que

> essa democracia tão amada pelos modernos não inspirou [na Antiguidade] nem tratado de filosofia nem tratado político que

---

8 Vidal-Naquet, *Os gregos, os historiadores, a democracia*, p.198; cf. Wolff, "Filosofia grega e democracia", *Discurso*, n.14, p.7-48.

esclarecesse seus princípios e exaltasse suas qualidades. Temos, com certeza, as orações fúnebres, mas elas louvam a democracia por um viés não democrático.[9]

Plutarco, um pensador grego tardio, mais influenciado pelo pensamento romano, exporia uma crítica comum (o irracionalismo deliberativo) às assembleias atenienses da seguinte maneira: "De outra vez, Anacarsis assistira a uma assembleia pública e disse a Sólon: – Estou surpreendido por ver que, nas deliberações dos gregos, são os sábios que aconselham e os loucos que decidem" (*Sólon*, 6).[10]

A preponderância dos demagogos na vida política ateniense durante o período de decadência da forma democrática é descrita nos seguintes termos por Claude Mossé:

> Porém, com a morte de Péricles em 429 [a.C.], a personalidade dos que lhe sucederam à cabeça da cidade agravou ainda mais a situação. Os "demagogos" do último quarto do séc. V [a.C.] foram denunciados tanto por Tucídides como por Aristófanes. No entanto, no global, eles continuaram fiéis à política de que Péricles tinha traçado as linhas gerais. Mas de origem social mais modesta, não tendo a largueza de vistas do filho de Xantipos, era-lhes necessário ter em maior conta os desejos da turba, a quem se submetiam mais do que inspiravam. A gravidade da situação levou-os, por outro lado, a acentuar ainda mais o peso de Atenas sobre seus aliados, a tornar também a democracia mais radical, mais absoluto o controle do *demos*.[11]

---

9 Ibid., p.198.
10 Plutarco, *Sólon*, p.15.
11 Mossé, op. cit., p.41. Há um capítulo sobre os aspectos que levaram também Péricles a ser considerado, por fim, um demagogo em Mossé, *Péricles*, p.189-200, no qual se pode ler: "Não é de se duvidar, pois, que nas décadas que se seguiram à morte de Péricles, naquele clima de crise marcado, no final do século, pelas duas revoluções oligárquicas de 411 e 404 [a.C.], a imagem

Não obstante, embora a prática da demagogia tenha se disseminado nesse período, sua conceituação e teorização não acompanharam o mesmo ritmo, sendo o próprio emprego da palavra demagogia uma raridade nos textos gregos. Segundo Finley, demagogia

> é uma palavra rara não só para esse autor [Tucídides] como na literatura grega em geral, e esse fato pode ser considerado surpreendente, porque não há tema mais familiar na cena ateniense (apesar do emprego mínimo da palavra) do que o do demagogo e de seu auxiliar, o sicofanta.[12]

Finley sugere dois motivos, um geral e um específico, para essa raridade terminológica: (a) "o vocabulário político grego era, em geral, vago e impreciso, a não ser por títulos convencionais para determinados órgãos ou cargos individuais (e muitas vezes nem mesmo nesses casos)";[13] e (b) "o demagogo é algo ruim: 'liderar o povo' é enganá-lo. O demagogo é movido por seu próprio interesse, pelo desejo de aumentar seu poder e, com isso, ficar cada vez mais rico. Para consegui-lo, ele renuncia a todos os princípios, a toda verdadeira liderança e bajula o povo de todas as maneiras".[14] Somando-se à vagueza e à imprecisão geral do vocabulário político grego (motivo geral) a visão negativa e o desprezo comum pela figura do demagogo (motivo específico), entende-se, ao menos em parte, o pouco interesse que essa figura despertou entre os escritores políticos mais eminentes do

---

do grande estratego, do inventor, depois de seu ancestral Clístenes, da democracia ateniense, entrou em um declínio constante, terminando por se desagregar e se confundir com a massa dos demagogos, tão malvista pelas escolas filosóficas" (p.199).
12 Finley, op. cit., p.57-8.
13 Ibid., p.59.
14 Ibid., p.58.

Posfácio à edição brasileira

período (embora o desinteresse não seja completo, como tentarei demonstrar).

De fato, em seus escritos, Tucídides dedica apenas algumas linhas às figuras de alguns demagogos historicamente importantes, como Péricles, Cleofonte ou Hipérbolo, analisando suas diversas peripécias políticas para ludibriar o povo, sem se estender muito na análise teórica da demagogia. Leia-se o que afirma sobre Péricles em sua inacabada *História da Guerra do Peloponeso* (400 a.c.), descrevendo o fenômeno sem contudo recorrer ao termo δημαγωγός [demagogo] (que na obra é citado apenas em duas ocasiões, imputado primeiro a Cléon (IV, 21), depois a Alcibíades (VIII, 65)):

> A razão do prestígio de Péricles era o fato de sua autoridade resultar da consideração de que gozava e de suas qualidades de espírito, além de uma admirável integridade moral; ele podia conter a multidão sem lhe ameaçar a liberdade, e conduzi-la ao invés de ser conduzido por ela, pois não recorria à adulação com o intuito de obter a força por meios menos dignos; ao contrário, baseado no poder que lhe dava sua alta reputação, era capaz de enfrentar até a cólera popular. Assim, quando via a multidão injustificadamente confiante e arrogante, suas palavras a tornavam temerosa, e quando ela lhe parecia irracionalmente amedrontada, conseguia restaurar-lhe a confiança. (II, 66)[15]

Indubitavelmente, o texto antigo mais extenso sobre o tema da demagogia, que serve até hoje para delinear de forma mais completa a figura do demagogo na Antiguidade, é a comédia *Os cavaleiros* (424 a.C.), de Aristófanes, em que se descreve uma caricatura grotesca de Cléon, considerado o maior demagogo

---
15 Tucídides, *História da Guerra do Peloponeso*, p.126.

ateniense.[16] Todavia, também nessa peça aristofânica o termo propriamente dito aparece de fato apenas duas vezes, como δημαγωγία [demagogia] (linha 191) e δημαγωγικός [demagógico] (linha 217). Na peça, Aristófanes descreve a acirrada disputa entre dois facciosos demagogos, encarnados nos personagens Paflagônio (caricatura de Cléon) e Agoráclito, pela atenção do povo. A visão extremamente negativa da demagogia fica bem clara quando se nota que, entre as qualidades que ambos disputam ter em maior grau do que o outro, estão a infâmia (linha 304), a perversidade (linha 304), a impudência (linhas 324-5, 409), a fraudulência (linha 331), a insolência (linha 331), a trapaça (linha 332) e a baixeza (linha 336).[17] A certa altura, Paflagônio afirma:

> Oh, pobre coitado, o povo não vai acreditar em uma só palavra do que tu disseres! Para reinar com ele eu estou aqui, quando me der na real gana. [...] Conheço-o bem, sei como se lhe adoça a boca.

---

16 Mossé afirma o seguinte (citando Plutarco) acerca de Cléon: "De um lado, portanto, os 'moderados' aceitavam a forma do regime *a priori* e não pensavam em colocá-la em questão. Porém deploravam a crescente influência sobre o *demos* desses políticos que se começavam a chamar de 'demagogos' e que, fortalecidos pela ascendência que exerciam sobre o povo graças a seus talentos de oratória, o engajavam em uma política cada vez mais aventureira. Desses políticos todos, o mais marcante tinha sido Cléon que, após a morte de Péricles, na verdade dirigiu a política ateniense até sua morte em 421 [a.C.], perante Antípolis. Plutarco diz a seu respeito que ele 'perdeu sua dignidade para a eloquência da tribuna e foi o primeiro a gritar nos discursos ao povo, a rasgar suas vestes, a bater na coxa e a correr falando. Assim, a comodidade e o desprezo das conveniências que, pouco depois, agitaram toda a vida política, ele os inspirou aos outros homens de Estado' [*Vida de Nícias*, 8]" (Mossé, *O processo de Sócrates*, p.52-3). Cf. também os verbetes "Cléon" e "Demagogos", in: Mossé, *Dicionário da civilização grega*, p.67-8 e p.84-5, respectivamente.

17 Cf. Magalhães, *Curtumeiros e salsicheiros*, p.77.

## Posfácio à edição brasileira

[...] E habilidade não me falta para fazer o povo esticar e encolher. (710-720)[18]

Mais à frente, Agoráclito, interessado em desmascarar Paflagônio, afirma:

O que tu queres é rapinar à vontade, receber suborno das cidades aliadas, e que o Povo, com a guerra e a poeira que ela levanta, não veja as trapaças que tu fazes; antes por miséria, por necessidade e falta de salário, ande atrás de ti como um cordeirinho. (805)[19]

Além de *Os cavaleiros*, Aristófanes citaria o termo δημαγωγός [demagogo] mais uma única vez (totalizando três aparições nas onze peças suas que chegaram inteiras até nós),[20] na peça *As rãs* (405 a.c.), fazendo o Coro afirmar: "Quereis, sem dúvida, que em comum trocemos de Arquidemo que, após sete anos, ainda não tinha [...] dentes [ser membro da fratria]. E agora é demagogo entre os mortos lá em cima" (linha 419).[21] Mas na peça *A paz* (421 a.c.), apresentada pouco antes da celebração da paz de Nícias, Aristófanes já culpava conhecidos demagogos – Cléon, chamado de "um patife, parlapatão, sicofanta, mexeriqueiro, desordeiro" (linhas 650-5), e Hipérbolo, chamado de "um chefe que não passa de um vigarista" (linhas 680-5)[22] – por impelirem Atenas à Guerra do Peloponeso.

Contudo, podemos afirmar que a figura do demagogo não apareceria apenas nas comédias, mas igualmente nas tragédias[23] gregas, a contar por Eurípedes (dos três grandes tragediógrafos

---

18 Aristófanes, *Os cavaleiros*, p.57-8.
19 Ibid., p.62.
20 Cf. Oliveira; Silva, *O teatro de Aristófanes*; e Jaeger, *Paidéia*, p.414-39 ("A comédia de Aristófanes").
21 Aristófanes, *As rãs*, p.64-5.
22 Id., *A paz*, p.68 e p.70, respectivamente.
23 Cf. Romilly, *A tragédia grega*.

gregos, o mais influenciado pela Guerra do Peloponeso), que fora ao mesmo tempo um elogiador dos princípios democráticos e um crítico do papel dos demagogos, em diversas peças, como *Hipólito* (428 a.c.), na qual coloca na boca de Hipólito as seguintes palavras: "Os oradores que entre sábios não passam de medíocres são os mais eloquentes entre as massas" (linhas 985-90);[24] ou como *Orestes* (408 a.c.), na qual classifica Cleofonte de δημαγωγός [demagogo] (linhas 902-16). Mas a passagem de maior interesse talvez se encontre em *As suplicantes* (entre 424 e 421 a.c.), onde se afirma:

> Há três classes de cidadãos: os possuidores são inúteis e sempre desejosos de possuir mais; os que carecem de meios de subsistência são terríveis e, entregando-se à inveja a maior parte de sua vida, cravam seus ferrões nos ricos, enganados pelas línguas de malvados demagogos. Das três classes, a do meio é a que salva as cidades, pois guarda a ordem que impõem os Estados. (linhas 239-46)[25]

Passando do teatro para a filosofia, é preciso considerar que, conquanto Platão não utilize o termo δημαγωγία [demagogia] ou qualquer de suas variações em nenhum de seus diálogos, quase nenhum comentador tinha deixado de concluir que se referia precipuamente à demagogia nas famosas passagens da *República* (380 a.C.) em que descreve a ascensão do tirano pelo cortejo popular (linhas 565a-6e). Xenofonte, por sua vez, elogia Esparta por possuir uma forma de governo aristocrática, não suscetível aos demagogos como as democracias, nas *Helênicas* (redação final de 357-356 a.C.):

---

24 Eurípedes, *Hipólito*, p.119.
25 Eurípedes, *Tragédias*, p.35.

Em princípio, estavam chateados porque deveriam destruir as casas que tinham e construir outras, mas então, como aqueles que tinham bens viviam mais perto das fazendas que possuíam nas aldeias, serviam-se de um regime aristocrático e estavam livres dos pesados demagogos, ficaram satisfeitos com a situação. (5.2.7)[26]

Aristóteles parece ser o único pensador grego a empregar sistematicamente o termo δημαγωγία [demagogia], considerando-a como a pior forma de democracia (embora esta já fosse considerada, em seus escritos políticos, como uma forma de governo degenerada), podendo ser considerado, ao lado de Aristófanes, como a maior fonte grega para a compreensão da demagogia antiga, tendo empregado o termo δημαγωγία [demagogia] e suas variantes por mais de trinta vezes na *Política* (336 a.C.), principalmente nos livros em que aborda a forma de governo democrática (livros II, IV e V), enquanto nos fragmentos conhecidos de *A constituição de Atenas* mencionou o termo por mais de cinco vezes, relatando as diversas reformas por que passara a democracia ateniense em seus dois séculos de existência. Na *Política*, Aristóteles define a demagogia da seguinte forma (comparando-a, não sem motivo, à tirania):

> É por esse motivo que o adulador é tão bem-visto em qualquer desses dois regimes. Nas democracias, a lisonja identifica-se com o papel do demagogo: o demagogo é o adulador do povo; nas tiranias, tal atitude é assumida pelos que obedecem com subserviência aos tiranos: ser subserviente é um procedimento adulatório. (V, 1313b)[27]

As principais características da demagogia descritas por Aristóteles, em grande parte tomadas dos acontecimentos de Atenas (mas também de outras πόλεις [póleis] menores), podem

---

26 Xenofonte, *Helénicas*, p.200.
27 Aristóteles, *Política*, p.421.

ser resumidas nos seguintes elementos: (a) a demagogia é descrita como a bajulação do povo em troca de seu apoio irrestrito, em nome do qual determinadas ações políticas ilegítimas são praticadas como se fossem legítimas (veja *Política*, VI, 1320a); (b) o forte apelo popular faz que a demagogia surja de maneira mais natural (embora não necessariamente) nas democracias do que em outras formas de governo (veja *Política*, V, 1305a); (c) o demagogo surge propriamente nas democracias quando o governo das leis é permutado pelo governo dos homens (veja *Política*, IV, 1292a); (d) a principal forma de desestabilização pública empreendida pelos demagogos é a promoção do facciosismo a partir seja da disseminação de calúnias contra os grandes proprietários e notáveis, seja da incitação do povo contra estes (veja *Política*, V, 1304b-1305a; V, 1310a); e (e) depois de conquistar o apoio popular e desestabilizar a ordem pública, os demagogos dissolvem as instituições democráticas e passam a exercer um governo essencialmente tirânico (veja *Política*, II, 1274a; V, 1305a; V, 1308a; V, 1310b).

Em termos gerais, para Aristóteles, o desenvolvimento da demagogia é o processo que produz a transformação por degeneração da democracia (má forma do governo de muitos) em uma tirania (má forma do governo de um), ou seja, não apenas a transformação de um governo de muitos em um governo de um (processo de centralização política), mas sobretudo a transformação de um governo baseado nas leis em um governo baseado nos homens (processo de personalização política) e, por fim, a transformação de uma forma política boa (ευνομία [eunomia]) em uma forma política má (δυσνομία [disnomia]) (processo de degeneração política), representando, por isso, a maior degeneração possível da forma de governo democrática, aproximando-a tristemente da pior forma de governo antiga: a tirania. Afirma Aristóteles (relacionando a demagogia à tirania):

O tirano, pelo contrário, surge das classes populares e das grandes massas, para protegê-las contra os notáveis, e para que o povo não sofra as injustiças que estes cometem. Os fatos são bem elucidativos: quase todos os tiranos provêm das fileiras demagógicas, que conquistaram a confiança popular através da difamação dos notáveis. (*Política*, V, 1310b)[28]

Entre as conclusões a que chegou Finley a respeito dos demagogos atenienses, estava a seguinte:

O que resulta de tudo isso é uma proposição muito simples, a saber: os demagogos – uso a palavra em um sentido neutro – representavam um elemento estrutural no sistema político ateniense. Com isso quero dizer, em primeiro lugar, que o sistema não poderia funcionar sem a presença deles; em segundo lugar, que a denominação é aplicável a todos os líderes, independentemente de classe ou de ponto de vista; e, em terceiro lugar, que dentro de limites bem amplos eles devem ser julgados de forma individual não por suas atitudes ou seus métodos, mas por seu desempenho.[29]

Essas palavras põem em evidência a relação intrínseca entre a democracia e a demagogia para os antigos, que possuiria a configuração de um imperativo hipotético (do tipo "se x, então y"): "se democracia, então demagogia". Se os antigos se interessaram, sobretudo na cidade de Atenas, mais e mais por estender as bases populares da democracia, em grande medida por motivação militar, necessariamente tiveram de lidar com uma maior degeneração da própria democracia, envolvendo não apenas cada

---
28 Ibid., p.403.
29 Finley, *Democracia antiga e moderna*, p.82-3. Por fim, escreve: "Não podemos usar dois pesos. Não podemos louvar e admirar o feito de dois séculos e ao mesmo tempo rejeitar os demagogos, que foram os arquitetos da estrutura política e os que puseram em prática, ou a Assembleia, na qual e através da qual realizaram seu trabalho" (p.88).

vez mais cidadãos despreparados para tomar, de forma direta, as complexas decisões coletivas e vinculantes típicas de toda organização política autônoma, como também tiveram de lidar cada vez mais com políticos que se especializaram gradativamente em se aproveitar, sobretudo em benefício próprio, desses mesmos cidadãos despreparados.

O número elevado de demagogos e de tiranos conhecido por Atenas fez que seus pensadores políticos se pusessem radicalmente a criticar ambos, embora, de modo curioso, o discurso antigo contra os tiranos seja muito mais extenso e organizado, a começar pelo livro IX da já mencionada *República* de Platão e pelo *Hierão* (360-358 a.C.) de Xenofonte, do que o discurso sobre os demagogos. A compreensão antiga da demagogia, portanto, ficaria indelevelmente restrita a pequenas, mas inapagáveis, passagens dos grandes textos políticos antigos, compreendida então sobretudo não como uma forma de governo boa (eunômica, ou axiologicamente positiva), mas precipuamente como uma forma de governo má (disnômica, ou axiologicamente negativa). E seria essa natureza disnômica, é claro, a primeira e principal representação da democracia, e, com ela, intrinsecamente, também da demagogia, que os pensadores antigos legariam aos pensadores modernos.

2. Demagogia moderna. A figura histórica da demagogia surgida na Antiguidade, em um século que representava mais a degeneração do que os áureos anos da democracia ateniense, marcaria profundamente os pensadores políticos modernos (sempre ávidos leitores dos pensadores antigos), que veriam nessa figura um dos maiores defeitos das democracias antigas. Defeito tão contraproducente que levaria quase todos os pensadores políticos modernos a rejeitar a forma de governo democrática juntamente com a imagem das conturbadas πόλεις [póleis] antigas. (Mesmo um democrata radical como Rousseau preferiria a Esparta oligárquica à Atenas democrática!) Um autor

absolutamente moderno como Hobbes (profundo leitor de Tucídides), que não conhecera exemplo de democracia que não a forma antiga, afirmaria:

> Mas numa democracia: vede quantos demagogos, isto é, quantos oradores poderosos há junto ao povo (são eles tantos, e a cada dia crescem em número), e para cada um deles há tantos filhos, parentes, amigos e bajuladores que haverão de ser recompensados. (*Do cidadão*, X, 6)[30]

Um século depois, Montesquieu não defenderia senão uma forma de governo moderna, baseada na separação de poderes, contra as formas antigas, que desconheciam tal princípio, com as seguintes palavras: "Essa é a grande vantagem que este governo [moderno] teria sobre as antigas democracias nas quais o povo tinha um poder imediato; pois, quando os oradores o agitavam, tais agitações sempre surtiam efeito" (*O espírito das leis*, XIX, XXVII).[31] No mesmo século, mas em outro continente, defendendo a democracia representativa que marcaria profundamente o mundo moderno, também contra a imagem das democracias antigas, Alexander Hamilton afirmaria (reproduzindo uma tese antiga): "A maior parte dos homens que destruíram as liberdades de repúblicas começou suas carreiras cortejando servilmente o povo, demagogos no início e tiranos no fim" (*O federalista*, 1).[32]

Mas não se pode dizer que a única imagem da demagogia seja aquela presente na história das πόλεις [póleis] antigas, e que os Estados modernos, que igualmente tenderam, ao menos no hemisfério ocidental, à democratização, não conheceriam esse fenômeno político burlesco. Já no Renascimento, um pensador como Bodin, marcado fortemente pela história política antiga,

---

30 Hobbes, *Do cidadão*, p.160.
31 Montesquieu, *O espírito das leis*, p.333.
32 Madison; Hamilton; Jay, *Os artigos federalistas*, p.95.

comentando um dos piores males de qualquer república (o facciosismo), depois de asseverar que "por isso é difícil entre cinquenta oradores notar um homem de bem, pois seria coisa contrária à profissão que exercem querer seguir a verdade" e que

> se observe bem todos aqueles que tiveram fama de ser nobres discursadores e se verá que eles levaram os povos à sedição, e muitos mudaram as leis, os costumes, as religiões e as repúblicas, outros arruinaram-nas totalmente, e por isso quase todos acabaram em morte violenta,

escreveria que "não é necessário aqui verificar isso pelo exemplo dos oradores de Atenas ou de Roma, mas sim pelos de nossa época" (*Os seis livros da república*, IV, VII).[33]

Todavia, também como na Antiguidade, é difícil encontrarmos qualquer grande pensador político moderno que tenha escrito extensamente sobre a demagogia, inexistindo também qualquer obra moderna que pudesse ser considerada como especialmente relevante sobre o tema. De forma sintomática, nenhuma atenção especial conferiram ao assunto autores tão importantes para a teoria democrática moderna[34] como Althusius, que escrevera *Politica methodice digesta* (1603), Espinosa, que escrevera o inacabado *Tratado político* (1677), Rousseau, que escrevera o famoso *O contrato social* (1762), Tocqueville, que escrevera os dois livros de *A democracia na América* (1835 [I], 1840 [II]) – nos quais apenas anotaria o seguinte sobre um francês com quem conversara nos Estados Unidos: "Eu não ignorava que meu hospedeiro tinha sido um grande nivelador e um ardente demagogo, quarenta anos atrás" (I, segunda parte, IX)[35] –, ou Stuart Mill, que escrevera *Consideração sobre o governo representativo*

---

33 Bodin, *Os seis livros da república*, p.166.
34 Cf. Macpherson, *A democracia liberal*.
35 Tocqueville, *A democracia na América*, p.220.

(1861) – no qual se resume a pontuar que, caso se adotasse o princípio da remuneração parlamentar (como doravante seria adotado em praticamente todo o mundo), "o leilão entre Cléon e o vendedor de salsichas na comédia de Aristófanes constitui excelente caricatura do que constantemente se passaria" (X).[36] Dessa forma, vê-se que tanto no pensamento político antigo quanto no pensamento político moderno o tema permanece mais do que raro, permanece raríssimo. Obviamente, pode-se afirmar que os motivos destacados por Finley para o tratamento escasso do tema na Antiguidade também servem para os tempos modernos: o vocabulário político moderno também é vago e impreciso e a figura do demagogo também surge de modo quase exclusivo em descrições axiologicamente negativas (presentes mais no discurso político prático, essencialmente polêmico, do que no discurso teórico). Mas, assim como os antigos nos legaram algumas pequenas (mas importantes) passagens descrevendo a figura do demagogo, nas obras sobretudo de Aristófanes e Aristóteles, contam também os modernos (e, como veremos, os contemporâneos) com algumas passagens consideráveis sobre o assunto (como tentarei demonstrar adiante).

Cumpre constatar, primeiro, que o predomínio da demagogia não poderia surgir inicialmente com a democracia moderna, nas revoluções liberais setecentistas e oitocentistas, mas sobretudo posteriormente, nas democracias contemporâneas, com o advento da sociedade de massa, com suas dezenas de partidos, milhares de políticos e milhões de eleitores. Se a demagogia antiga surge com a degeneração (também em função de uma espécie de massificação) da democracia direta, a demagogia moderna surgirá especialmente com a massificação da democracia representativa. Essa relação entre demagogia e massas não fugirá à atenção de um autor profundamente antidemocrata (e amante da Antiguidade) como Nietzsche, que afirmara:

---

36 Stuart Mill, *O governo representativo*, p.145.

> O caráter demagógico e a intenção de influir sobre as massas são comuns a todos os partidos políticos atuais: por causa dessa intenção, todos são obrigados a transformar seus princípios em grandes afrescos de estupidez, pintando-os nas paredes. (*Humano, demasiado humano*, § 438)[37]

Nesse sentido, não é difícil compreender que, e por quê, a demagogia moderna figurará menos no contexto da democracia propriamente moderna, surgida no século XVII (na Grã-Bretanha) e no século XVIII (nos Estados Unidos[38] e na França), na qual ainda vigiam os primeiros partidos políticos (tipicamente aristocráticos) e o sufrágio restrito (que concedia o voto apenas a homens brancos e ricos), configurando uma democracia de elites, que no contexto da democracia propriamente contemporânea, típica do século XX (e também do século XXI), na qual estão presentes os partidos políticos atuais (que são partidos de massa) e o sufrágio universal (que estendeu o voto igualmente às mulheres, aos negros e aos pobres), dando origem à atual democracia de massas.

Seria inútil argumentar longamente aqui acerca dos grandiosos processos que deram origem à democracia de massas moderna, como o fim da escravidão (que concedeu liberdade aos negros), a industrialização (que aumentou a importância social dos pobres) e as duas guerras mundiais (que contribuíram decisivamente para o aumento da participação social das mulheres na vida pública). Importante apenas perceber que, entre a democracia das revoluções liberais clássicas, que chamamos aqui de democracia propriamente moderna, e a democracia que se desenvolveu, sobretudo no hemisfério ocidental, a partir do século XX, que chamamos aqui de democracia contemporânea, podemos contar a passagem da democracia de elites para a democracia de

---

37 Nietzsche, *Humano, demasiado humano*, p.237.
38 Cf. Keyssar, *O direito de voto*.

Posfácio à edição brasileira

massas, cujo primeiro grande teórico será o sociólogo Max Weber.

Não por outro motivo encontraremos apenas na obra de Weber uma descrição mais presente e mesmo mais consistente da demagogia moderna. Na ampla sociologia weberiana (que inclui desde uma sociologia da economia até uma sociologia do direito), a figura do demagogo aparece especialmente nos textos de sociologia política, em dois importantes momentos: (a) na sociologia da dominação, desenvolvida em seu monumental *Economia e sociedade* (1914 [primeira versão]; 1921 [segunda versão, primeira edição]; 1925 [segunda edição, póstuma]), e (b) na sociologia da democracia (esta, uma extensão daquela), desenvolvida em pequenos estudos sobre a política alemã pós-bismarckiana, como *Parlamento e governo numa Alemanha reconstruída* (escrito no verão de 1917, revisado e publicado em 1918), e a célebre conferência "A política como vocação" (proferida em janeiro de 1919).

Na *opus magnum* póstuma de Weber, a sociologia da dominação se encontra descrita na primeira parte, no capítulo III, e novamente, de forma mais extensa, na segunda parte, no capítulo IX. Na primeira parte, abordam-se os tipos ideais de dominação; na segunda, seus aspectos empíricos, estando a demagogia presente em ambos. Depois de definir a dominação como "a probabilidade de encontrar obediência a uma ordem de determinado conteúdo, entre determinadas pessoas indicáveis" (cap. I, § 16, e cap. III, § 1), Weber distingue três tipos puros de dominação legítima: (a) a dominação racional-legal, (b) a dominação tradicional e (c) a dominação carismática. Embora sua análise sociológica sobre o Estado moderno seja precipuamente baseada na dominação racional-legal, Weber descreverá a demagogia (tanto a antiga como a moderna) como um tipo específico de dominação carismática, cujos exemplos mais puros citados são, além do profeta e do herói guerreiro, justamente o grande demagogo, embora existam ainda outros.

Segundo Weber, as principais características ideais do demagogo (descritas em *Economia e sociedade*) seriam, em suas palavras: (a) o *carisma*, segundo o qual

> a autoridade do dom de graça pessoal, extracotidiano (carisma): a entrega pessoal e a confiança pessoal em revelações, heroísmo ou outras qualidades de líder de um indivíduo: dominação, "carismática", tal como a exercem o profeta ou – na área política – o príncipe guerreiro eleito ou o soberano plebiscitário, o grande demagogo e o chefe de um partido político (cap. IX, seç. 8, § 2);[39]

(b) a *pessoalidade*, segundo a qual

> a entrega ao carisma do profeta ou do líder na guerra ou do grande demagogo na *ekklesia* ou no Parlamento significa que este é considerado, pessoalmente, o "líder" dos homens, em virtude de uma "vocação" interna, e que estes não se submetem a ele em virtude do costume ou de estatutos, mas sim porque acreditam nele (cap. IX, seç. 8, § 2);[40]

e (c) o *poder ilimitado*, segundo o qual

> a razão disso se encontra na circunstância de que, em todos esses casos, se trata de poderes cujos portadores – o hierarca, o déspota (precisamente o "esclarecido"), o demagogo – não querem estar comprometidos por nenhum limite, nem mesmo pelas regras por eles mesmos estabelecidas, com exceção daquelas normas que são obrigados a reconhecer como religiosamente sagradas e, por isso, absolutamente compromissórias (cap. VII, § 5).[41]

---

39 Weber, *Economia e sociedade*, p.526.
40 Ibid., p.527.
41 Ibid., p.101.

## Posfácio à edição brasileira

A grande novidade weberiana, contudo, está em analisar a demagogia, não sob o aspecto axiológico que movia os pensadores políticos antigos e em grande parte ainda move os modernos, distinguindo as formas de governo em formas boas e formas más (sendo a demagogia essencialmente uma forma má), mas sob o aspecto metodológico da neutralidade axiológica. Quando se refere à demagogia, não costuma fazer avaliações de cunho valorativo, mas apenas histórico-factuais. Com relação à avaliação moral da demagogia, Weber diria apenas o seguinte:

> É evidente que a expressão "carisma" é empregada aqui em um sentido plenamente livre de juízos de valor. Para o sociólogo, a cólera maníaca do "homem-fera" nórdico, os milagres e as revelações de qualquer profeta de esquina ou os dotes demagógicos de Cleo[fo]nte são "carisma" com o mesmo título que as qualidades de um Napoleão, de um Jesus ou de um Péricles. Porque para nós o decisivo é se foram considerados e se atuaram como tal, vale dizer, se encontraram ou não reconhecimento (cap. IX, seç. 2).[42]

Do ponto de vista empírico (ou histórico), Weber descreve da seguinte forma a presença do demagogo tanto nas πόλεις [póleis] antigas[43] quanto nas democracias modernas:

> Desde o Estado constitucional e mais ainda desde a democracia, o "demagogo" é no Ocidente o tipo do político dirigente. O ressaibo desagradável da palavra não deve fazer esquecer que Péricles, e não Cleo[fo]nte, foi o primeiro que levou esse nome. Sem cargo algum, ou então – em oposição aos cargos ocupados por sorteio da democracia da Antiguidade – investido com o único cargo eletivo,

---

42 Weber, *Sociologia*, p.136-7. Trecho infelizmente ausente da edição brasileira de *Economia e sociedade*.
43 Cf. Finley, "A cidade antiga de Fustel de Coulanges a Max Weber e além". In: *Economia e sociedade na Grécia antiga*, p.3-24; e Finley, "Max Weber e a cidade--estado grega". In: *História antiga*, p.115-35.

o do estratego supremo, dirigia a *ekklesia* soberana do *demos* de Atenas. Sem dúvida, a democracia moderna serve-se também do discurso, e isso até em proporções gigantescas, considerando-se os discursos eleitorais que um candidato moderno tem de fazer, mas muito mais eficaz é a palavra impressa.[44]

Por fim, é preciso considerar que, para Weber, contemporaneamente, o demagogo será o político por excelência da democracia de massas, aspecto analisado sobretudo em *Parlamento e governo numa Alemanha reconstruída* (onde avalia a política parlamentar alemã no período bismarckiano) e em "A política como vocação" (em que compara a política alemã e a política estadunidense, apresentando inclusive um novo exemplo de demagogo: o *boss* [empresário político] estadunidense). Na primeira obra, a relação entre democracia e massa é apresentada da seguinte forma:

> A democratização ativa de massa significa que o líder político não é mais proclamado candidato porque demonstrou seu valor em um círculo de *honoraties*, tendo se tornado um líder por causa de suas proezas parlamentares, mas significa, sim, que ele adquire a confiança e a fé que as massas depositam nele e em seu poder com os meios da demagogia de massa.[45]

Na conferência de 1919, a mesma relação é apresentada nos seguintes termos:

> Sempre que dirigida por um homem enérgico, a máquina do *caucus* [convenção política] quase não deixa transparecer qualquer reação de âmbito local; ela, pura e simplesmente, segue a vontade do líder. Assim, acima do Parlamento se coloca o chefe que é, em

---
44 Weber, *Economia e sociedade*, cap. IX, seç. 8, § 2, p.534.
45 Id., *Parlamentarismo e governo numa Alemanha reconstruída*, p.75.

verdade, um ditador plebiscitário: a seu sabor, ele orienta as massas. A seus olhos, os parlamentares não passam de simples detentores de prebenda, que fazem parte de sua clientela.[46]

A teoria da democracia weberiana, e, subsidiariamente, sua teoria da demagogia, refletirá, de modo direto ou indireto, em diversos pensadores políticos da primeira metade do século passado. O sociólogo Robert Michels fora aluno e discípulo direto de Weber, a quem deve toda a concepção sobre a política e a democracia presente em suas diversas obras, dentre as quais se destaca *Para uma sociologia dos partidos políticos na democracia moderna* (1911 [primeira edição]; 1925 [segunda edição]), entre cujos temas fundamentais se encontra o da liderança política na democracia de massas (inclusa aí a acuidade da demagogia). Entre as diversas passagens em que menciona o papel da demagogia na democracia, destaca-se esta:

> A aproximação, pelo menos formal, do dirigente em relação à vontade das massas de quem teoricamente depende adota nas naturezas mais fracas e mais vulgares a forma de demagogia. Os demagogos são os lisonjeadores da vontade das massas; em vez de elevarem as massas, tratam de baixar-se o mais possível até junto delas, o falso espetáculo de que não conhecem outro orgulho que não seja o de se lhes lançarem aos pés como escravos submissos para exercerem o poder em seu nome (V).[47]

Também inspirado em Weber, erigindo-se contra a autocracia e em defesa da democracia, o jurista Hans Kelsen afirmará em seus estudos sobre as formas de governo:

---

46 Id., "A política como vocação", *Ciência e política*, p.94.
47 Michels, *Para uma sociologia dos partidos políticos na democracia moderna*, p.224-5.

> Se por um lado se afirma que a democracia leva ao poder os fanfarrões e os demagogos que especulam com os piores instintos das massas, por outro lado pode-se sustentar que é precisamente o método da democracia que coloca a luta pelo povo sobre as mais amplas bases, tornando-o objeto de uma concorrência pública que por si só cria, assim, uma base, aliás a mais ampla base possível, para a seleção [de líderes], enquanto o princípio autocrático, principalmente em sua organização real de monarquia burocrática, muitas vezes oferece umas poucas garantias aos indivíduos capazes que tenham méritos para abrir caminho.[48]

Vê-se que, diferentemente de Platão ou Aristófanes (ou Nietzsche), para quem a demagogia era apenas um pretexto a mais para desprezar e acometer a democracia, um democrata convicto (como Kelsen) não encontra na disseminação de líderes demagogos um empecilho deletério para a democracia, mas antes dos males o menor, frente ao pior mal: a autocracia.

Por fim, para citar um autor antiweberiano (e antiliberal de forma geral), Carl Schmitt, ao criticar profundamente o sistema parlamentar (e seus defensores como Weber) no texto *A crise espiritual do parlamentarismo atual* (1923 [primeira edição]; 1926 [segunda edição]), afirmando que

> em algumas nações o sistema parlamentar conseguiu transformar todas as questões públicas em objeto de cobiça e de compromisso dos partidos e dos agregados, e a política, longe de ser a ocupação de uma elite, passou a ser a desprezível negociata de uma desprezível classe de gente,

concluíra com uma expressão grotesca (e em grande parte contraditória em termos) segundo a qual "a forma de domínio dessa

---

48 Kelsen, *A democracia*, p.95-6.

Posfácio à edição brasileira

classe [burguesa], a democracia liberal, é só uma 'plutocracia demagógica'".[49]

É preciso asseverar: Weber, Michels e Kelsen são representantes de uma teoria axiologicamente neutra da democracia (e também da demagogia) por serem também representantes de uma teoria científica da democracia (e também da demagogia), por teoria científica entendendo uma compreensão que possua como objetivo não a rejeição ou a justificação dos fenômenos políticos, segundo princípios valorativos, mas sua apreensão objetiva. Mas a esses três grandes nomes deve-se acrescentar mais um, que se insere na mesma tradição: o filósofo Norberto Bobbio (que lembrará da figura do demagogo, inspirado ora em Platão ora em Weber, em inúmeros textos escritos sobre a democracia).

No final de sua vida, Bobbio recorreria ao conceito weberiano de demagogo para classificar o primeiro-ministro italiano Silvio Berlusconi, afirmando que, "se tivermos presente a tipologia weberiana, Berlusconi entra na categoria do demagogo", e descrevendo da seguinte maneira o personagem real (não muito distante da descrição aristofânica do personagem Paflagônio):

> Sem dúvida, [Berlusconi] suscita entusiasmo. Vê-se quando se apresenta aos seus seguidores, sobretudo nos teatros. O cerimonial, os gestos da mão, o sorriso com que se apresenta são de chefe carismático. Sabe rir até das tolices contrárias a ele. Tem uma segurança infinita. Pode sair de qualquer tipo de embaraço.[50]

Mas, a essa altura, é preciso perguntar: na história do pensamento político ocidental, ao lado das descrições axiologicamente negativas (tipicamente antigas e modernas) e das descrições

---

49 Schmitt, *A crise da democracia parlamentar*, p.6 e p.64, respectivamente.
50 Bobbio; Viroli, *Diálogo em torno da república*, p.95-6. O mesmo trecho se repete em Bobbio, *Contra os novos despotismos*, p.101.

axiologicamente neutras (tipicamente contemporâneas), não haveria também descrições axiologicamente positivas da demagogia? Se tal descrição não poderá ser encontrada com muita facilidade entre os pensadores antigos ou modernos, todos profundamente antidemagógicos, é curioso que seja encontrada entre os pensadores contemporâneos. Sobretudo, porém, entre os pensadores políticos antidemocratas, típicos da primeira parte do século passado. Citarei dois exemplos curiosos (um à direita, outro à esquerda).

À direita, é possível citar o pensador político francês Charles Maurras, teórico do "nacionalismo integral", que escreveria, em um texto publicado em *L'Action Française* de 9 de maio de 1923, as seguintes considerações (distinguindo a democracia da demagogia):

> Esse desperdício, essa orgia, é a democracia [...]. O motivo explica-se perfeitamente: a soberania de todos implica o consumo da coisa pública [...]. A demagogia é uma coisa totalmente diferente. Um demagogo pode arrastar a multidão e conduzi-la por seus próprios caminhos aos mais diversos fins: à democracia como o fizeram Mário ou Graco; à aristocracia, como Sila; à monarquia, como César ou Octaviano.

Segue:

> A democracia é um sistema de desordem crônica [...]. Não se trata, para ela, de proporcionar o bem ao povo, mas de estabelecer o governo do povo. A demagogia pode agir para o povo, a democracia atribui-se o dever de agir através do povo.[51]

---

51 Citado em Faye, "Demagogia". In: Romano (coord.), *Enciclopédia Einaudi*, p.234 e p.234-5, respectivamente.

À esquerda, é preciso recorrer ao pensador comunista Antonio Gramsci, a quem se deve um surpreendente e original desenvolvimento conceitual axiologicamente positivo da demagogia (partindo mais uma vez – ainda que não de modo direto, mas por intermédio dos textos de Michels – da profícua teoria weberiana). Em alguns parágrafos de seus *Cadernos do cárcere* (1929-1935), Gramsci desenvolve o tema da demagogia do ponto de vista dialético, entrevendo no demagogo uma força política individual que poderia servir tanto à progressão quanto à regressão histórica das massas. O trecho relevante (extenso, mas rico de novidades) se encontra no § 97 do caderno n.6 (de 1930-1932), no qual se distingue o "demagogo em sentido negativo" (que consiste na descrição tradicional da demagogia) do "demagogo em sentido positivo" (uma renovação do conceito clássico). Do primeiro tipo de demagogia Gramsci apresenta a seguinte descrição:

> Demagogia quer dizer muitas coisas: no sentido pejorativo, significa servir-se das massas populares, de suas paixões sabiamente excitadas e nutridas, para os próprios fins particulares, para as próprias pequenas ambições (o parlamentarismo e o eleitoralismo oferecem um terreno propício para essa forma particular de demagogia, que culmina no cesarismo e no bonapartismo com seus regimes plebiscitários). [...] O "demagogo" em sentido negativo põe-se a si mesmo como insubstituível, cria o deserto em torno de si, sistematicamente esmaga e elimina os possíveis concorrentes, quer entrar em relação direta com as massas (plebiscito etc., grande oratória, golpes de cena, aparato coreográfico fantasmagórico: trata-se daquilo que Michels chamou "líder carismático").[52]

---

52 Gramsci, *Cadernos do cárcere*, p.247-8. Importaria ainda saber que, no caderno n.19 (de 1934-1935), Gramsci utilizaria o conceito negativo de demagogia para interpretar a política italiana do *Risorgimento*, afirmando: "Aqueles homens, efetivamente, não souberam guiar o povo, não souberam despertar-lhe o entusiasmo e a paixão, se se entende demagogia em seu

Sob essa descrição, poder-se-ia apenas dizer aqui: *nihil sub sole novi* [nada de novo sob o sol]!

Do segundo tipo, a descrição apresentada é a seguinte:

> Mas, se o líder não considera as massas humanas como um instrumento servil, bom para alcançar os próprios objetivos e depois jogar fora, mas aspira a alcançar fins políticos orgânicos cujo necessário protagonista histórico são essas massas, se o líder desenvolve obra "constituinte" construtiva, então se tem uma "demagogia" superior; as massas não podem deixar de ser ajudadas a se elevarem através da elevação de determinados indivíduos e de estratos "culturais" inteiros. [...] O líder político de grande ambição, ao contrário, tende a suscitar um estrato intermediário entre ele e a massa, a suscitar possíveis "concorrentes" e iguais, a elevar a capacidade das massas, a criar elementos que possam substituí-lo na função de líder. Ele pensa segundo os interesses da massa, e para esses interesses um aparelho de conquista e domínio não deve se desagregar com a morte ou a falta do líder, lançando a massa no caos ou na impotência primitiva. Se é verdade que todo partido é partido de uma só classe, o líder deve se apoiar nela e elaborar seu Estado-Maior e toda uma hierarquia; se o líder é de origem "carismática", deve renegar sua origem e trabalhar para tornar orgânica a função da direção: orgânica e com as características da permanência e da continuidade.[53]

---

significado originário. [...] Assim, na realidade, os direitistas do *Risorgimento* foram grandes demagogos: eles fizeram do povo-nação um instrumento, um objeto, degradando-o, e nisso consiste a demagogia máxima e mais desprezível, exatamente no sentido que o termo assumiu na boca dos partidos de direita em polêmica com os de esquerda, embora tenham sido os partidos de direita os que sempre exerceram a pior demagogia e muitas vezes apelaram à escória do povo (como Napoleão III, na França)" (§28) (Gramsci, *Cadernos do cárcere*, p.104-5).

53 Gramsci, op. cit., p.247-8. Para uma argumentação de fundamento gramsciano (embora não exclusivamente) em defesa do populismo (fenômeno similar à demagogia), cf. Laclau, *A razão populista*.

## Posfácio à edição brasileira

Ao longo dos séculos, a tradição do pensamento político ocidental apresentou essencialmente apenas duas concepções axiológicas sobre a demagogia: uma concepção negativa, segundo a qual a demagogia seria a degeneração da democracia, e uma concepção neutra, segundo a qual a demagogia seria uma espécie de patologia da democracia (provavelmente incurável). Em geral, os pensadores antidemocratas, de Platão a Hobbes, tenderam à primeira concepção (cujo maior representante com certeza fora Aristóteles); enquanto os pensadores democratas, de Protágoras a Kelsen, tenderam à segunda (cujo maior representante com certeza fora Weber).

Com Maurras (que possivelmente pensava em Pétain) e Gramsci (que possivelmente pensava em Lênin), surge pela primeira vez na história do pensamento político uma visão axiologicamente positiva da demagogia, propalada como uma via para a constituição da monarquia (suscitando uma forma de monarquia popular), no primeiro caso, e como uma via para a constituição do comunismo (suscitando uma forma de comunismo popular), no segundo. O fato de ambas as concepções, na prática, terem redundado em formas profundamente antidemocráticas (consideradas mesmo totalitárias),[54] a primeira no nacional-socialismo e a segunda no socialismo real, não deixa de ser uma comprovação prática da tese antiga segundo a qual a demagogia prefigura em verdade a tirania. Um pensador realista como Weber não deixaria de alertar seus leitores acerca dos males da demagogia (que Maurras e Gramsci preferem ignorar), afirmando:

> É claro que a demagogia política pode conduzir a abusos impressionantes. Pode acontecer que um indivíduo dotado de simples retórica, destituído de intelecto superior e de caráter político, atinja uma posição vigorosa de poder.[55]

---

54 Cf. Arendt, *Origens do totalitarismo*; ou Friedrich; Brzezinski, *Totalitarismo e autocracia*.
55 Weber, *Parlamentarismo e governo numa Alemanha reconstruída*, p.74.

Com base nesse breve estudo sobre o tema da demagogia, é possível concluir, primeiramente, que, por um lado, a concepção axiológica da democracia foi se transformando historicamente de uma concepção negativa, predominante entre os antigos, para uma concepção positiva, predominante entre os contemporâneos, passando por uma fase de transição entre os modernos, que inclui tanto pensadores antidemocratas (como Hobbes) como pensadores democratas (como Rousseau). Por outro lado, a concepção axiológica da demagogia, tanto entre os antigos como entre os modernos e os contemporâneos (ressalvadas as exceções), foi se mantendo constante, sob uma forma essencialmente negativa (considerando, bem entendido, que mesmo as concepções neutras não excluem a crítica da demagogia, que permanece presente na linguagem fortemente cáustica com que descrevem o tema).

Mas ainda restaria, por fim, uma questão menos analítica ou axiológica que histórica: assim como Finley considerava os demagogos como um elemento estrutural da democracia antiga, seria a demagogia um elemento estrutural da democracia moderna e contemporânea? Weber afirmava, categoricamente, que

> a democratização e a demagogia andam juntas, mas – repitamo-lo – independentemente da espécie de Constituição, na medida em que as massas não mais possam ser tratadas como objeto de administração puramente passivos, isto é, na medida em que suas atitudes tenham alguma importância ativa.[56]

Se tomarmos a posição weberiana como historicamente correta, deveremos responder que sim, ou seja, que o imperativo hipotético "se democracia, então demagogia" será válido tanto para os antigos quanto para os modernos e, se considerarmos a crescente massificação da democracia, também para os

---

56 Ibid.

Posfácio à edição brasileira

contemporâneos, de maneira que se deverá afirmar tanto que "se democracia antiga, então demagogia" quanto que "se democracia moderna, então demagogia" e mesmo que "se democracia contemporânea, então demagogia". Mas, em termos históricos, estaria Weber tão correto para a modernidade e especialmente a contemporaneidade quanto Finley para a Antiguidade? Resumo-me a argumentar que o conhecimento teórico e empírico disponíveis nas ciências humanas atualmente não permitem responder de modo satisfatório a essa questão, considerando sobretudo a falta de estudos mais aprofundados a respeito do fenômeno da demagogia. Considere-se, ademais, que o historiador estuda na maioria das vezes fenômenos findados no tempo e no espaço, enquanto o cientista político (ou qualquer outro cientista social) costuma estudar fenômenos ainda temporal e espacialmente em curso. Sendo assim, se sabemos que (a) a demagogia existiu intrinsecamente na democracia antiga, e que (b) a demagogia ainda existe na democracia moderna e contemporânea, não podemos concluir de forma lógica que (c) a demagogia sempre existirá especialmente na democracia contemporânea. Pois que a democracia antiga consiste hoje, para todos os efeitos, em um fato histórico encerrado, sobre o qual se podem propor conclusões com mais facilidade, enquanto a democracia moderna, da qual a democracia contemporânea consiste numa continuidade, não pode ser descrita senão, para todos os efeitos, como um fato histórico aberto, que ainda pode sofrer alterações posteriores, não sendo possível seguir muito longe no exercício de descrição daquele que Bobbio denominou, em uma obra bastante expressiva, de "o futuro da democracia".[57]

Rafael Salatini
*Professor de Ciência Política da Unesp/câmpus de Marília*

---

57 Cf. Bobbio, *O futuro da democracia*.

## Referências bibliográficas

### Bibliografia primária

ARISTÓFANES. *A paz*. Trad. Maria de Fátima de Souza e Silva. Coimbra: INIC/CECHUC, 1984.

_____. *As rãs*. Trad. Américo da Costa Ramalho. Lisboa: Edições 70, 1996.

_____. *Os cavaleiros*. Trad. Maria de Fátima de Souza e Silva. Brasília: Ed. da UnB; São Paulo: Imprensa Oficial, 2000.

ARISTÓTELES. *A constituição de Atenas*. Trad. Francisco Murari Pires. São Paulo: Hucitec, 1995.

_____. *Política*. Trad. António Campelo Amaral e Carlos Gomes. Lisboa: Vega, 1998.

BOBBIO, Norberto. *Contra os novos despotismos*: escritos sobre o berlusconismo. Trad. Erica Salatini. São Paulo: Ed. Unesp, 2016.

_____; VIROLI, Maurizio. *Diálogo em torno da república*: os grandes temas da política e da cidadania. Trad. Daniela Beccaccia Versiani. Rio de Janeiro: Campus, 2002.

BODIN, Jean. *Os seis livros da república*. Trad. José Carlos Orsi Morel (v.1) e José Ignacio Coelho Mendes Neto (v.2-6). Rev. José Ignacio Coelho Mendes Neto. São Paulo: Ícone, 2011. 6v.

EURÍPEDES. *Hipólito*. In: *Teatro grego*. Sel. e trad. Jayme Bruna. São Paulo: Cultrix, 1968. p.91-130.

_____. *Orestes*. Trad. Augusta Fernanda de Oliveira e Silva. Brasília: Ed. da UnB, 1997.

_____. *Tragédias*. II. Trad. Jose Luiz Calvo Martínez. Madri: Gredos, 1985.

GRAMSCI, Antonio. *Cadernos do cárcere*. Ed. e trad. Carlos Nelson Coutinho, Marco Aurélio Nogueira e Luiz Sérgio Henriques. Rio de Janeiro: Civilização Brasileira, 1999. 6v.

HOBBES, Thomas. *Do cidadão*. Trad. Renato Janine Ribeiro. São Paulo: Martins Fontes, 2002.

KELSEN, Hans. *A democracia*. Trad. Ivone Castilho Benedetti et al. São Paulo: Martins Fontes, 2000.

MADISON, James; HAMILTON, Alexander; JAY, John. *Os artigos federalistas, 1787-1788*. Trad. Maria Luiza X. de A. Borges. Rio de Janeiro: Nova Fronteira, 1993.

MICHELS, Robert. *Para uma sociologia dos partidos políticos na democracia moderna*: investigação sobre as tendências oligárquicas da vida dos agrupamentos políticos. Trad. José M. Justo. Lisboa: Antígona, 2001.

MONTESQUIEU. *O espírito das leis*. Trad. Cristina Murachco. São Paulo: Martins Fontes, 1996.

NIETZSCHE, Friedrich. *Humano, demasiado humano*: um livro para espíritos livres. Trad. Paulo César Souza. São Paulo: Companhia das Letras, 2000.

PLATÃO. *República*. Trad. Anna Lia Amaral de Almeida Prado. Rev. Roberto Bolzani Filho. São Paulo: Martins Fontes, 2006.

PLUTARCO. *Sólon*: legislador de Atenas. Trad. Lobo Vilela. Lisboa: Inquérito, 1939.

ROUSSEAU, Jean-Jacques. *O contrato social*. Trad. Antônio de Pádua Danesi. Rev. Edson Darci Heldt. São Paulo: Martins Fontes, 2006.

SCHMITT, Carl. *A crise da democracia parlamentar*. Trad. Inês Lohbauer. São Paulo: Scritta, 1996.

STUART MILL, John. *O governo representativo*. Trad. E. Jacy Monteiro. São Paulo: Ibrasa, 1995.

TOCQUEVILLE, Alexis de. *A democracia na América*. Trad. Neil Ribeiro da Silva. Belo Horizonte: Itatiaia; São Paulo: Edusp, 1987.

TUCÍDIDES. *História da Guerra do Peloponeso*. Trad. Mário da Gama Kury. Brasília: Ed. da UnB, 2001.

WEBER, Max. A política como vocação. In: *Ciência e política*: duas vocações. Trad. Leonidas Hegenberg e Octany Silveira da Mota. São Paulo: Cultrix, [s. d.]. p.53-124.

_____. *Economia e sociedade*: fundamentos da sociologia compreensiva. Trad. Regis Barbosa e Karen Elsabe Barbosa. Rev. Gabriel Cohn. Brasília: Ed. da UnB; São Paulo: Imprensa Oficial, 2004. 2v.

_____. *Parlamentarismo e governo numa Alemanha reconstruída*. Uma contribuição à crítica política do funcionalismo e da política partidária. Trad. Maurício Tragtenberg. São Paulo: Abril Cultural, 1980. p.1-85.

WEBER, Max. *Sociologia*. Org. Gabriel Cohn. Trad. Amélia Cohn e Gabriel Cohn. São Paulo: Ática, 1979.

XENOFONTE. *Helénicas*. Trad. Orlando Guntiñas Tuñon. Rev. Antonio Guzmán Guerra. Madrid: Gredos, 1994.

### Bibliografia secundária

ARENDT, Hannah. *Origens do totalitarismo*. Trad. Roberto Raposo. São Paulo: Companhia das Letras, 1989.

BALANDIER, Georges. *O poder em cena*. Trad. Luiz Tupy Caldas de Moura. Brasília: Ed. da UnB, 1982.

BOBBIO, Norberto. *A teoria das formas de governo*. Trad. Sérgio Bath. Brasília: Ed. da UnB, 1985.

_____. *O futuro da democracia*: uma defesa das regras do jogo. Trad. Marco Aurélio Nogueira. Rio de Janeiro: Paz e Terra, 2000.

FAYE, Jean-Pierre. Demagogia. Trad. Magda Bigotte de Figueiredo. In: ROMANO, Ruggiero (Org.). *Enciclopédia Einaudi*. v.22: Política, Tolerância/Intolerância. Porto: Imprensa Nacional; Casa da Moeda, 1996. p.231-45.

FINLEY, Moses I. *Democracia antiga e moderna*. Trad. Waldéa Barcellos e Sandra Bedran. Rev. Neyde Theml. Rio de Janeiro: Graal, 1988.

_____. *Economia e sociedade na Grécia antiga*. Trad. Marylene Pinto Michael. São Paulo: Martins Fontes, 1989.

_____. *História antiga*: testemunhos e modelos. Trad. Valter Lellis Siqueira. São Paulo: Martins Fontes, 1994.

FRIEDRICH, Carl J.; BRZEZINSKI, Zbigniew K. *Totalitarismo e autocracia*. Trad. Donaldson M. Garschagen. Rio de Janeiro: GRD, 1965.

JAEGER, Werner. *Paidéia*: a formação do homem grego. Trad. Arthur M. Parreira. São Paulo: Martins Fontes, 1994.

KAGAN, Donald. *A Guerra do Peloponeso*. Trad. Gabriela Máximo. Rev. Márcio Scalercio. Rio de Janeiro; São Paulo: Record, 2006.

KEYSSAR, Alexander. *O direito de voto*: a controversa história da democracia nos Estados Unidos. Trad. Márcia Epstein. São Paulo: Ed. Unesp, 2014.

LACLAU, Ernesto. *A razão populista*. Trad. Carlos Eugênio Marcondes de Moura. São Paulo: Três Estrelas, 2013.

MACPHERSON, C. B. *A democracia liberal*: origens e evolução. Trad. Nathanael C. Caixeiro. Rio de Janeiro: Zahar, 1978.

MAGALHÃES, Luiz Otavio. *Curtumeiros e salsicheiros*: a representação cômica da demagogia em Cavaleiros de Aristófanes. São Paulo, 1996. Dissertação (Mestrado) – Departamento de História-FFLCH, Universidade de São Paulo.

MOSSÉ, Claude. *As instituições gregas*. Trad. António Imanuel Dias Diogo. Lisboa: Edições 70, 1985.

_____. *Atenas*: a história de uma democracia. Trad. João Batista da Costa. Brasília: Ed. da UnB, 1979.

_____. *Dicionário da civilização grega*. Trad. Carlos Ramalhete e André Telles. Rio de Janeiro: Jorge Zahar, 2004.

_____. *O processo de Sócrates*. Trad. Arnaldo Marques. Rev. Neyde Theml. Rio de Janeiro: Jorge Zahar, 1990.

_____. *Péricles*: o inventor da democracia. Trad. Luciano Vieira Machado. São Paulo: Estação Liberdade, 2008.

OLIVEIRA, Francisco de; SILVA, Maria de Fátima. *O teatro de Aristófanes*. Coimbra: Faculdade de Letras, 1991.

ROMILLY, Jacqueline de. *A tragédia grega*. Trad. Leonor Santa Bárbara. Rev. Pedro Bernardo. Lisboa: Edições 70, 2008.

STARR, Chester G. *O nascimento da democracia ateniense*: a assembleia no século V a.C. Trad. Roberto Leal Ferreira. Rio de Janeiro: Odysseus, 2005.

VIDAL-NAQUET, Pierre. *Os gregos, os historiadores, a democracia*: o grande desvio. Trad. Jônatas Batista Neto. São Paulo: Companhia das Letras, 2002.

WOLFF, Francis. Filosofia grega e democracia. *Discurso*, São Paulo: Polis, n.14, p.7-48, 1983.

_____. *Aristóteles e a política*. Trad. Thereza Christina Ferreira Stummer e Lygia Araújo Watanabe. São Paulo: Discurso, 2001.

# Índice onomástico

Abbagnano, N., 119
Agoráclito, 146-7
Ajello, N., 25
Alcide de Gasperi, 79
Althussius, 154
Amato, G., 49, 80, 96
Antípolis, 146
Antonio Banfi, 120
Arendt, H., 130, 167
Aristófanes, 142-3, 145-7, 149, 155, 162
Aristóteles, 123, 142, 149-150, 155, 167

Balandier, G., 141
Barbera, A., 94
Berlinguer, E., 97, 99
Berlusconi, S., 8-9, 13, 17-21, 25-7, 29, 33, 35-7, 41, 45-7, 50-1, 53, 55-6, 58, 61-3, 66, 75, 78, 79, 85-8, 91, 93-6, 98-103, 105, 163
Berneri, C., 70
Bertinotti, F., 53-4, 74-5
Bertrand, G., 107
Bidussa, 130
Bobbio, N., 7-11, 25, 35, 65, 73-4, 77, 87, 93, 97-103, 105, 107, 112-28, 130-3, 163, 169
Bodin, J., 113, 153-4
Bosetti, G., 35, 73, 132
Bossi, U., 17, 78-9, 88
Buttiglione, R., 43, 46

Cafagna, L., 94
Calderoli, R., 11
Calise, M., 84
Calogero, G., 123
Cassese, S., 41, 43

Cattaneo, C., 112, 114-6, 128
Cleofonte, 145, 148, 159
Cléon, 145-7, 155
Clístenes, 141, 144
Condorcet, marquês de, 107-10, 115, 127, 129
Coulanges, F. de, 159
Croce, B., 72, 88

D'Alema, M., 75, 78, 94-6
D'Alembert, Jean le Rond, 127
D'Antoni, S., 83,8, 98
D'Holbach, barão, 121
Dahl, R., 126
Dahrendorf, R., 133
Dal Pra, M., 120
De Maistre, J., 121
De Mita, C., 79
Debenedetti, F., 94
Del Noce, A., 46, 70
Dewey, J., 119
Diderot, D., 121
Donzelli, M., 108

Einaudi, L., 81, 88, 99, 120, 164
Espinosa, B., 154
Eurípedes, 147-8
Evola, J., 47

Fanfani, A., 79
Faye, J.-P., 164
Frederico II, 113
Fini, G., 17
Finley, M. I., 140, 144, 151, 155, 159, 168-9

Fisichella, D., 10, 44
Friedrich, C. J., 167

Garin, E., 120, 121
Garrone, A. G., 87-88, 93
Gentile, G., 47
Geymonat, L., 120
Giovanni, D., 84
Gobetti, P., 7, 9
Gorbachov, M., 39
Gramsci, A., 165-7

Hamilton, A., 153
Hegel, G. W. F., 108, 113, 123
Helvetius, 121
Hipérbolo, 145, 147
Hipólito, 148
Hitler, A., 100-1
Hobbes, T., 121, 153, 167, 168
Hume, D., 121

Isócrates, 142

Jaeger, W., 147
Jay, M., 153
Johnson, D., 132
Junger, E., 47

Kagan, D., 139
Kallscheur, B., 133
Kant, I., 127
Kelsen, H., 161-3, 167
Keyssar, A., 156

## Índice onomástico

Labini, P. S., 93
Laclau, E., 166
Lênin, V. I., 110, 167
Leopardi, G., 9
Loggia, E. G. della, 41
Luís XIV, 113

Macpherson, C. B., 154
Madison, J., 153
Magrin, G., 108
Malagodi, G., 88
Malandrino, C., 116
Mann, T., 123
Maquiavel, N., 7, 121
Marx, K., 108, 120-1, 127
Marzo, E., 7, 132
Matteotti, G., 25
Maurras, C., 164, 167
Mayer, A. J., 130
Michels, R., 97, 161, 163, 165
Mieli, P., 94
Mila, M., 81
Mill, S., 111, 123, 154-5
Montesquieu, 14-15, 43, 108, 129, 132, 153
Moro, A., 79
Mossé, C., 140-1, 143, 146
Mussolini, B., 21, 25, 99-101

Nenni, P. S., 97
Neppi, E., 107
Nícias, 146-7
Nietzsche, F., 155-6, 162

Occhetto, A., 39, 66
Oliveira, 73, 75, 96
Oliveira, F., 147

Paflagônio, 146, 163
Pannella, M., 46, 83
Papuzzi, A., 77
Pasini, M., 120
Pavese, C., 81
Pavone, C., 111
Péricles, 143, 145-6, 159
Pétain, P., 167
Pintor, G., 80
Pintor, L., 80
Pistone, S., 116
Pizzorusso, A., 93
Platão, 141, 142, 148, 152, 162-3, 167
Plutarco, 143, 146
Pozzi, R., 108
Preti, G., 120
Prodi, R., 47, 73, 78, 95
Protágoras, 142, 167

Rilke, R. M., 81
Robespierre, M., 109
Rolando, D., 120
Rolland, R., 122
Romilly, J., 147
Rosselli, C., 69-70, 111-2
Rossi, E., 116
Rossi, P., 120
Rousseau, J.-J., 103, 112, 114, 121, 152, 154, 168

177

Salvati, M., 94
Salvemini, G., 10, 111
Saragat, G., 73
Savonarola, G., 101
Sbarberi, F., 107, 124
Scarpelli, U., 120
Schmitt, C., 47, 162-3
Sócrates, 142, 146
Sólon, 141, 143
Spinelli, A., 116
Spinelli, B., 43
Stálin, J., 100-1
Starr, C., 141

Tocqueville, A., 110, 115, 154
Togliatti, P., 97
Treves, R., 120
Tucídides, 143-5, 153
Turigliatto, F., 10

Urbani, G., 44
Urbinati, N., 118

Valiani, L., 62
Veltroni, W., 79, 94
Viano, C., 120-1
Vidal-Naquet, P., 142
Viroli, M., 97-103, 105, 131, 163
Voltaire, 121

Walzer, M., 14-15, 80
Weber, M., 157-63, 167-9
Wolff, F., 142

Xantipos, 143
Xenofonte, 142, 148-9, 152

Zaccagnini, B., 79
Zagrebelsky, G., 13

SOBRE O LIVRO

*Formato*: 14 × 21 cm

*Mancha*: 23 × 39 paicas

*Tipografia*: Iowan Old Style 10/14

*Papel*: Off-white 80 g/m² (miolo)
Cartão Supremo 250 g/m² (capa)

1ª edição Editora Unesp: 2016

EQUIPE DE REALIZAÇÃO

*Capa*
Estúdio Bogari

*Edição de texto*
Silvia Massimini Felix (Preparação)
Fábio Storino (Revisão)

*Editoração eletrônica*
Sandra Kato

*Assistência editorial*
Alberto Bononi
Jennifer Rangel de França

Impressão e Acabamento
FARBE DRUCK
gráfica e editora ltda.